让孩子 爱上古文明

GOOD TIMES TRAVEL AGENCY: ADVENTURES IN ANCIENT CHINA

如果你去古代中国

·看漫画·学历史·

Linda Bailey   Bill Slavin

[加]琳达·贝利 著 [加]比尔·斯莱文 绘 蔡慧菁 译

北京联合出版公司
Beijing United Publishing Co.,Ltd.

让孩子爱上古文明

我常常听到一些人抱怨"为什么要学历史啊？这样不是越学越回去了吗？""历史只是靠背诵、记忆而已，没什么好学习的""我以后要往高科技发展，学历史干吗？"之类的话。事实上，学习历史并不单是知道过去发生的事而已，它在思考能力的培养、批判能力的训练，甚至世界观的养成上，都有重要的成效。

唐太宗曾经说过："夫以铜为镜，可以正衣冠；以史为镜，可以知兴替；以人为镜，可以明得失。""鉴往"之所以能够"知来"，关键就在于从有迹可循的历史中归结出可能发生的状况，找出导致的结果，也就是说，鉴往知来正是思考能力的具体表现之一。

在阅读历史事件时，我常鼓励加入一点儿"想象"。如果戊戌变法和日本的明治维新一样成功，那么现在我们的社会会是怎样？如果欧洲没有经历过"黑暗时代"和黑死病肆虐，文艺复兴的百花齐放会产生吗？这些想象或许得不到最终的答案，却是最好的批判思维训练。

当然，学习历史最显著的功用就是养成"世界观"。

穿越历史世界，你可以在任何时间、空间，到任何国家、民族去参与发生过的事件（还有个好处——不必冒着生命的危险）。从历史发展的脉络中，你会发现东西方的观念为什么不同，西亚地区现在仍然紧张的局势是什么原因造成的。在历史中穿梭游览，无形中丰富了我们的人生，国家甚至世界的脉动也都在你的掌握中了！

这套"让孩子爱上古文明"系列看漫画学历史的书，正是小朋友学习历史的敲门砖。在书中，宾克顿家的三个孩子误闯神奇时光旅行社，翻阅旅行社老板佩蒂格鲁的独家旅游指南，进行古文明时光旅行，在惊险有趣的冒险中畅游了中世纪、古埃及、古希腊、古代中国和冰河世纪。

有趣的是，故事的铺陈很有技巧地将历史隐藏其中，对于觉得学习历史太沉重的孩子来说，完全不着历史痕迹。我建议，孩子们在看这一系列童书时，和书中一派轻松的故事情节叙述一样轻松阅读，跟着宾克顿家的孩子们去冒险，去看古埃及人的生活，尝尝汉朝时的面条，参加古代奥林匹克运动会，或是经历一场冰河世纪的探险。

放轻松是最重要的，不必太在意故事情节中虚构的部分（这部分在书的最后均有解释），反正"好玩就好"！

黄永川（台北历史博物馆馆长）

要不是因为那些炒面，宾克顿家的孩子们绝对不会跑进神奇时光旅行社。

唉！否则谁会去那里呢？神奇时光旅行社是个可怕的地方，里面黑漆漆又阴森森的，窗户上蒙着一层厚厚的灰尘，门上挂着蜘蛛网，光是这番景象，就足以让你全身起鸡皮疙瘩。

乔什和艾玛这对双胞胎尽量不去看这些恐怖景象。他们之前太笨了才会闯进去。但他们的妹妹莉比最喜欢吃炒面了，所以，当她在一条街以外的地方闻到炒面的香味后，谁都拦不住她！

莉比，等等！

回来！我们买热狗给你吃。

3

乔什和艾玛跟着莉比跑，而莉比跟着自己的鼻子跑，竟然又跑进了神奇时光旅行社！

旅行社的老板朱利安·佩蒂格鲁正坐在他每天坐的位子上。

午餐时有访客？嗯……炒面应该够分吧！

去西方

马车自驾游

凉爽滑雪旅行！

冰河世纪之旅

炒面实在太香了，乔什和艾玛失去了戒备。吃一口应该不会怎么样吧！

请慢用，好好享受吧！

呃……可以给我一个叉子吗？

嗯……好好吃！

吃完后，乔什和艾玛立刻向佩蒂格鲁先生道谢，准备朝大门走去。不幸的是，这位老先生有点儿耳背。

最喜欢去中国旅行了？

对啊，我们最喜欢吃中式炒面了。

谢啦，炒面很好吃！

佩蒂格鲁先生在书架上东翻西找，抽出了一本旅游指南。

当佩蒂格鲁把旅游指南递给莉比时，宾克顿家的孩子们全都伸手去拿，但都没抓到！这本书飞到半空中，书页翻开来，出现一道神奇又可怕的闪光，然后……

他们最不希望发生的事情还是发生了。宾克顿家的孩子们来到了一个离家很远很远很远的年代和地方。

蛮夷？

朱利安·佩蒂格鲁的独家旅游指南——古代中国

欢迎来到古代中国！你已经回到了两千年前的汉朝（公元前202年至公元220年）。中国的每个朝代都由一个家族所统治，现在你造访的这个时代就有一个汉朝皇帝在统治着。

请仔细瞧瞧四周，你正处在一个非

常古老、非常广大的帝国之中。我说了"中"这个字吗？这里的人称他们的国家为"中国"，他们相信自己的国家位于全世界的中央，也是世界文明的中心。

中国确实是一个文明古国。人们在几条主要河流的流域生活了五十万年以上，他们在这些地方至少耕种了九千年。在世界其他文明不断出现又消逝的过程中，在长达两千多年的时间里（公

哦……中国，公元1世纪。

我们只是想吃点儿炒面而已啊！

元前221年到公元1911年），中国由一代代皇帝所统治，成为历史最悠久的帝国。

　　中国的幅员也非常辽阔，可别以为你第一次到访就可以游遍整个中国。古代中国地域广大，不同地区有着不同的气候。中国也与世隔绝——沙漠、山脉和海洋将中国与世界其他国家隔绝开来，与其他的文明社会相距遥远。因此，古代的中国人对外界并不了解（或者不关心）。

　　或许因为这样，古代的中国人总认为外国人不够开化，他们习惯称呼住在中国以外的人为"蛮夷"。

乔什必须去参加一场足球比赛，他希望能尽快回家。但艾玛充满了好奇。

咱们赶紧看完那本书，离开这里吧。

可是，既然我们已经来到这么远的地方了……

那可是蛮夷？

想来一定是的。

就算是关系最亲密的双胞胎，偶尔也会吵架，而现在正是如此。

我就说，我们不应该路过那家旅行社的！

当时可是你急着要回家的！

肯定是蛮夷！

他们争论了好久，连农夫们都开始觉得无聊了。

还有，我们五岁生日的时候，你把所有的——

莉比？莉比跑哪儿去了？

莉比不见了，连一个脚印也没留下。

乔什和艾玛在稻田里四处跑，希望能找到看见莉比上哪儿去了的人，任何人都可以！

坐的什么？和谁？去哪里？

和一位官长一道坐马车往都城去了。

古代中国的农耕

旅程一开始，你可以先参观乡村风光。古代中国大部分都是农村，在这里，农耕是一项极为重要的活动。

不幸的是，农耕同时也是风险很高的活动。在古代中国，你无法完全依靠降水，雨水往往不是太多就是太少。水灾和干旱都会破坏农作物，因此，农民有时候必须去借一辈子可能都还不起的钱。他们最后也许会失去土地、财产，甚至是他们的孩子。农作物歉收时，还可能会有成千上万的人死于饥荒。

中国农民都种植些什么？在南方，主要的农作物是稻米，稻米生长在充满水的田地里，我们称之为"水田"。在气候比较寒冷的北方，农民种植小麦和小米，也种植蔬菜和麻（用来做衣服）。

古代中国人并不饲养乳牛这类牲畜，因此，他们缺少动物的粪便来替农作物施肥。他们用人类的粪便当作肥料。专门有人去清倒农村里的便桶，再将粪便运到田里施肥。

建议：如果你想给农民帮忙，千万要避开施肥这件差事。

11

都城长安远在北方，需要赶好几天的路才能到达，而莉比已经早一步启程了。乔什和艾玛出发去找她，尽全力用最快的速度前进，却一点儿也快不起来。

有人愿意让他们搭便车，他们根本没得挑。就算只是驴车和独轮推车，也总比什么都没有要好吧。

走水路比较快……
但也快不到哪儿去。

龙！

龙？等等，世界上根本没有这种东西，对吧，艾玛？

对呀……

大概吧。

在古代中国旅行

在这里旅行很不方便，大部分道路是羊肠小道，下雨的时候就会变成一片泥泞。而且没有太多的交通工具可以选择，只有推车、驴车或是牛车。不过，地位高的人有专用的马匹，乘坐附有华盖的精致马车。皇帝的马车则是最豪华的。

如果你急着找交通工具，可以试试独轮推车。虽然它一点儿都不快，但仍然可以凑合着运送旅客。

最好的旅行方式是搭船，搭船比陆上交通更快、更方便，也更便宜。中国有许多河流，也挖掘了许多运河来连接这些河流。

另外，如果你在旅途中碰巧听到了"龙"这个字，不需要太过惊慌，这里的龙并不可怕。中国人认为，龙充满了智慧，心地善良，并且力大无穷。他们相信龙是雨神，它住在湖泊、河流、海洋以及云层之中。

13

乔什和艾玛虽然急着找莉比，可是已经很久没吃东西了。这对双胞胎来到一座农庄，希望能用劳力换取一些食物。

我觉得自己像一只仓鼠。

我饿到连仓鼠都能吃下去了。继续踩吧！

中国人的发明

古代的中国人是伟大的发明家。你刚刚已经看过他们的一项发明：独轮推车。或许它看起来没什么了不起，却能更省力地搬运货物。还有，如果你想调度水的话，何不试试"龙骨水车"？只要踩动由一串木片做成的链轮，就能够把水往上提，真是一种用来灌溉农田的绝佳设备！

觉得没什么了不起的吗？中国人还发现，如果你把一块磁石（具有磁性的石头）装在木头做的鱼上，让它浮在水面，这只鱼就能指出南北方向。瞧，这是史上第一个指南针！

不然，地震仪如何？中国经常发生地震，汉代一位杰出的科学家张衡发明了地动仪，来记录地震活动。

还是觉得不够看吗？那你手上拿的是什么东西？纸！这是中国人发明的。印刷术！另一个中国人的发明。还有雨伞、风筝、绕线轮、机械钟、水车，统统是中国人发明的！你只要在这里停留个几年（比方说八百年），就能目睹中国人发明火药和鞭炮……

不过，喂！你干吗来去匆匆的呀！

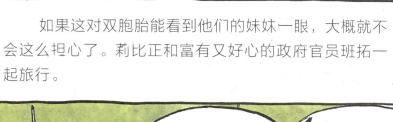

如果这对双胞胎能看到他们的妹妹一眼，大概就不会这么担心了。莉比正和富有又好心的政府官员班拓一起旅行。

古代中国社会

在古代中国，皇帝统治天下，不过他不是单独一个人，而是有数千个官员协助他治理整个国家。官员在中国是很重要的人物，他们穿丝绸袍子，搭乘马车，比别人受更多的教育。古代中国的读书人又称作"士"，他们都很努力读书，希望有朝一日能成为官员。

士以下的阶级是农民。农民在古代中国很受人尊敬，即使他们的生活可能很困苦。农民之所以很重要，是因为他们生产全国所需要的粮食。

农民以下的阶级是制造珠宝、武器等物品的工人。工人以下是买卖物品的商人。在古代中国的社会里，从别人身上赚取钱财是一件可耻的事，因此商人的地位很低。商人不准穿丝绸的衣服、骑马或携带武器，不过，往好处想，他们可以变得非常非常有钱！

当乔什和艾玛在野外露宿时……

可怜的莉比。

从今以后，我不管到哪里，都一定要随身携带睡袋。

古代中国的房屋

找不到地方睡觉？别担心，你一定能找到一面很棒的墙，窝在那里睡觉。古代的中国人很喜欢筑墙，他们在任何地方都能建造墙壁——在田地、房屋、城市的四周，甚至是国土的边境。

或许你很走运，能受邀住进有钱人的家里。当然，他们家周围一定也有墙。走进大门，你可以发现里面有一座庭院——或者两座，较里面的那座是专供家族和亲友使用的。房屋大部分是用木头建造的。在这个地震频繁的国家，这真是个好主意！木头具有弹性，而且

莉比舒服地睡在有钱人的家里。

欢迎光临寒舍。

这胡儿甚是可爱，你一定要见她一见。

我是可爱的小蛮人！啦啦啦！

嘿嘿嘿！

它掉下来压到你身上时，不会像石头那么具有杀伤力。

主要的房屋可能有几层楼高。往屋子里瞧瞧，你会发现这些房间都很宽敞，用丝绸布帘和画屏布置得富丽堂皇。你可以坐在铺有毛毯的地板上，或躺靠在大绣花垫上，很享受吧！

你会发现，穷人的家却是很不一样的。想象一下，每天和家人挤在一间茅草小屋里，冬天还得用布挡住窗户，全身裹着棉被来保暖。想想看，屋里的空气会多闷哪！至于夏天……你如果还有点儿头脑的话，就会跑到户外，才能找到呼吸的空间。

当乔什和艾玛为了填饱肚子，在地上爬着做苦工时……

艾玛，你看！我找到了一头大蒜！

够我们两个人吃吗？

古代中国的食物

饿了吗？在地上找个地方坐吧！古代的中国人在小小的矮桌上吃饭。你需要的只有一只碗和一双筷子，这里的食物都会切成一口大小，好让你能轻轻松松地夹起来（好吧！只要多加练习，就能夹起来）。

谷物是他们的主食——小麦、小米和稻米。你如果是有钱人，还可以吃到其他食物。你可以试试用肉和蔬菜炖成的羹，肉可能是猪肉、鹿肉、牛肉、羊肉，甚至是狗肉；蔬菜则有白菜、蒜头、韭菜、芋头和芹菜。还有一些你可能不太习惯的美食，例如蛇、乌龟、鸟或熊掌。嗯，好吃！

莉比正和贵族们一起享用山珍海味。

吸溜吸溜，肚肚饱饱！

嘻嘻，这胡儿所言何事？

不得而知，然此子着实有趣！哈哈！

万一你吃完这些菜之后肚子还饿，饭后还有水果。

如果你很穷，你吃得就简单多了。你会有一碗谷物、蔬菜羹和……没有了。好吧，或许还可以吃点儿豆子——如果你也养鸡或猪，偶尔还能吃点儿肉。

不过，好消息是，你目前所在的汉朝正是中国人发明面条的时候！这里的厨师用水混合面粉做出面条，却不知道面条在未来将变化出多少花样。意大利细面！意大利宽面！芝士通心粉！多亏了古代的中国人，否则你可能永远都不会知道这些东西是什么滋味。

19

日复一日，乔什和艾玛追随着妹妹的踪迹，往北方前进。有一天，他们偶然碰见了一群正在造纸的人……

这有什么了不起的？我在学校也做过。

加些草如何？

不如用头发一试？

是啊，不过他们可是有史以来最早造纸的人！

书写和纸张

中国人书写文字的历史从很早以前就开始了（大约公元前1300年）。他们一开始是把想说的事物写成象形文字（小小的图案），时间一久，象形文字越来越多，也越来越复杂，最后出现了数千个不同的中文书写文字。

一开始，中国人在龟壳、牛骨或青铜器上书写文字，后来则写在竹片上。这些竹片是由上而下阅读的，用线将竹片串在一起的书叫作"简册"；重要信息则写在丝绸上（丝绸非常昂贵，可不能用来打草稿），我们称之为"帛书"。

到了汉朝——嘿，就是现在——人们发明了纸。大家把功劳归给公元105年一个叫作蔡伦的官员，但他可能只是改良了造纸的方法。第一批造纸的人用老旧的破布来造纸，后来又用桑树皮、藤、竹甚至渔网来试验。

仔细看看这里制造出来的纸，这可是历史上最重要的发明之一。还要再过好几百年，世界上其他国家才会学到中国的造纸技术。

隔天，他们发现一些女人在养蚕取丝。

丝的秘密

停！别再看下去啦，这可是最高机密！一旦你知道了其中的秘密，就可能会被施以酷刑。

什么？你还在读？好吧！别说我没警告过你。

古代的中国人制造丝绸有好几千年的历史。他们始终很小心，不让制造丝绸的方法流出中国。不过，如果你非知道不可的话……

首先，你要找来一大堆蚕（蚕蛾的幼虫），一天喂它们几次桑叶，让它们长大。然后，蚕会开始吐丝结茧，每个茧都是由一根非常长的丝线做成的（大约有900米长）。等茧结好之后，将它们丢进沸水里（可怜的蚕宝宝），沸水可以让茧丝松开。接着找出丝头，用缫丝机缫出一根根生丝，最后织成美丽、强韧又昂贵的丝绸。

好了！现在你知道丝的秘密了。你干吗要读到这里，疯了吗？

另外，造纸技术也是一个秘密。看来你一定很喜欢危险刺激的生活。

几个小时后，饥寒交迫的双胞胎终于逃过一劫。路上有个好心的女人可怜他们，请他们到她家过夜。

谢谢，我不想吃面。面会让我想起……呃……不愉快的回忆。

你们有没有叉子？

古代中国的家庭

在中国，家庭是极为重要的，但他们所指的家庭可能和你想的不同。古代中国的家庭不只包括活着的亲戚，也包括那些已经死亡和尚未出世的成员。家庭成员祭祀已死的祖先，向他们祈祷，献上食物和饮料。古代的中国人认为一定要生儿子，才能将家族延续到未来（生女儿则不算数，因为她们终究会加入丈夫的家庭）。

如果你生为古代中国的女孩，那么最好是乖乖听话的那一型：年轻时要听父母的话，结婚后要听从丈夫和他父母的话，不需要太多思考和选择。

但是，别灰心！等你老了，情况就会好转。中国的孩子从小到大都被教导要尊敬父母，等父母老了以后要善加照顾，这就叫作"孝顺"。其中一个有名的例子是老莱子，他非常孝顺父母，即使自己已经七十岁了，还穿着七彩的衣服，扮成孩童的模样，只为了讨父母欢心。这才叫作孝顺嘛！

但是，丝的秘密外泄是很严重的事……官兵仍然在追查这对双胞胎！

你可见过两名少年胡人？

此二人盗取了机密！

我什么也不知道！不信去问我老师！

乔什和艾玛立刻从窗户逃走了。从此刻开始，他们晚上赶路，白天睡觉。他们变成亡命蛮夷了！

我们不是蛮夷！

终于，他们来到了都城长安，赶紧利用机会打听小妹的消息。

你有没有见过一个小……呃……

胡人？

在城里！她进皇宫了。

古代中国的城市

我不是说过吗？古代的中国人很喜欢筑墙。只要盖好一座城市，他们就会在外围筑一道墙，来维护城市的安全。请留意有士兵站岗的瞭望台。城墙外还有护城河，为城市多加一道防护。一旦发现危险的迹象，吊桥就会被拉起来，巨大的城门也会关闭。

皇帝在都城里居住，他生活在雕梁画栋的宫殿里，四周有——你猜猜看？——更多道围墙。其实，皇宫就像一座由许多壮丽的建筑组成的"宫殿之城"。

皇宫外围是政府的建筑以及达官显贵的房子。老百姓的房子都挤在市场或城门附近的拥挤街道上。

警告：平民不准进入皇宫。这里说的就是你！中国皇帝和他的家人、仆婢、朝臣过着与世隔绝的生活，老百姓几乎很难见到皇帝。

平民止步！保持距离！

下一步该怎么做，已经非常清楚了。

我们一定办得到！

是啊，我们唯一要做的就是……闯进皇宫？

等到夜幕低垂的时候，乔什和艾玛鼓足勇气，使出他们脚底抹油的看家本领，偷偷地溜进城里。

他们蹑手蹑脚地溜向皇宫。

又偷偷摸摸地潜入宫里。

他们鬼鬼祟祟地在皇宫里钻来钻去，悄悄地查探了一百多个房间。可是莉比到底在哪里？

哎哟！他们在折磨他吗？

不！是在帮他治病。

啧，啧，啧……阴气过盛……阳气衰微。

古代中国的医药

古代的中国人相信自然界和人体中都有阴和阳两股气在运行。阴是寒冷、黑暗、负面和雌性的，阳则是温暖、明亮、正面和雄性的。阴和阳彼此对立，却又缺一不可。

阴和阳必须保持平衡，一旦失去平衡，就得小心了！在自然界，阴阳失衡可能会带来地震、干旱、水灾或其他可怕的灾难。你的身体若阴阳失衡，就可能会造成身体不适。

如果你在古代中国生了病，医生为了治病，会帮你平衡身体的阴和阳。他可能会给你药草，或建议你改变饮食，甚至可能会使用针灸：医生会将一些细针刺在你身体的经脉上，来释放阴气或阳气。针灸这种非常古老的治疗方法直到现代仍然在使用。

去躺好，试试针灸吧！不会痛的。（不会非常痛啦！）

这天晚上，乔什和艾玛继续寻找莉比。随着时间流逝，两人越来越紧张，皇宫实在太大了！而且有很多人还没入睡。

莉比究竟在哪里？

天灾将至！

才一场灾难？他应该看看我的人生！

古代中国的思想与信仰

如果你晚上刚好站在皇宫的墙上，你可能会遇到几个正在研究夜空的古代中国学者。他们会仔细地观察天空，寻找异常的现象（例如彗星），他们认为这些异常的现象可能是地面即将发生灾难的征兆。古代的中国人相信宇宙、大地和人紧密关联，相互影响；他们也相信大自然中的所有事物（风、河、山等）都有神灵，并且尽力与这些神灵保持友好的关系。

和许多古代文明不同的是，古代的中国人并没有单一的宗教信仰，他们主要信奉三位伟大的思想导师：

在天将破晓之前，乔什和艾玛终于躺下来睡觉……却很快就被吵醒了。

是那两名胡儿！

是偷学秘法的蛮夷！

最后一次告诉你们，我们不是蛮夷！

· 孔子。他教导人们要尊重他人，特别是那条黄金守则——"己所不欲，勿施于人"。

· 老子。他教人遵循"道"来生活——顺其自然，不须设立规则或目标。

· 佛陀（生于印度北部）。他告诉人们，如果你静思冥想，放下世俗的欲望，就可以进入一个称为"涅槃"的极乐境界。

这三位圣贤的教诲被合称为"儒、道、释"三教。古代中国人相信这些教诲对人生有帮助，最重要的是可以让所有事物维持平衡，就像阴和阳一样。（忘了什么是阴阳吗？请翻回第27页。）

才过了几秒钟时间，侍卫就出现了。双胞胎又开始逃亡——这次逃进了皇帝上朝听政的大殿！

好消息是，他们找到莉比了。

皇帝

想见见皇帝吗？想都别想！他那么尊贵，不是你这种小老百姓可以见到的。古代的中国人把他们的皇帝视为天之子，相信他从天上得到了统治人民的权利，这种被称为"天命"的权利赋予了皇帝莫大的权力，皇帝的话就是法律，他对人民握有生杀大权。

不过，在这之前有一个条件，只有当皇帝是个好的统治者时，他才能承

双胞胎拉起他们的妹妹，继续死命地跑。在他们身后紧追不舍的则是……全员出动的皇宫侍卫！

受天命。如果他是个软弱或腐败的统治者，上天就会通过各种征兆和灾难来显示自己的不悦，皇帝的统治权就会结束，新的天子将取而代之。在中国漫长的历史中，统治的皇族经过许多次更迭，例如商、周、秦、汉、隋、唐等朝代。

最后提醒你，如果你坚持要见皇帝，一定要先确定皇帝有邀请你。这不仅是礼貌问题，不速之客可是会被处死的！

宾克顿家的孩子们必须找一个安全的地方躲起来——一个别人看不到的地方。

等宾克顿家的孩子们发现时，他们已经离都城越来越远了。这真是个好消息……只不过，他们到底要上哪儿去呢？

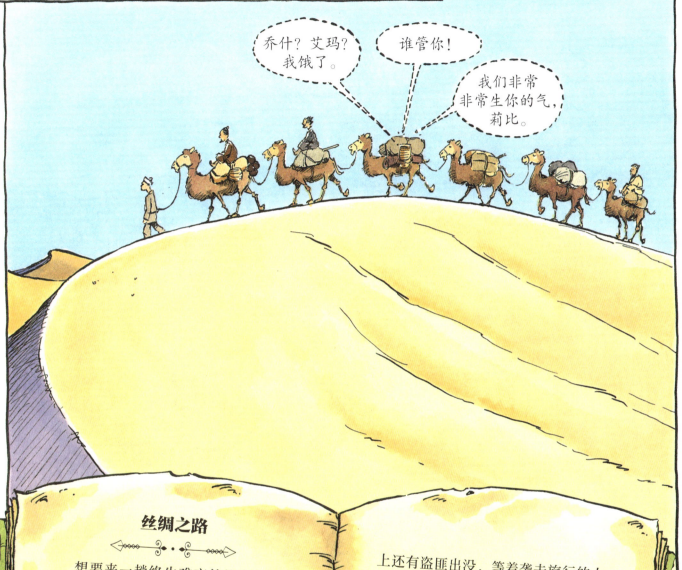

丝绸之路

想要来一趟终生难忘的旅程吗？骑上骆驼沿着丝绸之路走一趟吧！不过，后果自行负责。

丝绸之路是一条从古代中国到西方的陆上贸易要道，商人会带着昂贵的丝绸（以及玉石、香料等其他中国商品）走过数千千米的路到达波斯。这是一趟可怕的旅程！丝绸之路上有崇山峻岭、狂风大作的平原以及烈日曝晒的沙漠。白天，贸易商人热得汗流浃背、气喘吁吁，晚上却冷得要命。更糟糕的是，路上还有盗匪出没，等着袭击旅行的人。

由于路途太危险了，商人为了自保，往往会组成商队。大部分商人不会一次走完全程，而是像接力赛一样，每次只走其中的一段路。

载运货物的是唯一能忍受这些恶劣路况的动物——骆驼。即使没有食物和水，骆驼也能走很远。在沙漠里，它们从很远的地方就能闻到水的气味，还能抵挡得住沙尘暴。

重要提示：你可不是骆驼，所以我最后的建议是，千万别去丝绸之路！

骆驼骑起来并不舒服，但它把宾克顿家的孩子们带到了一个让人眼睛为之一亮的地方，乔什很庆幸他们不虚此行。

哇！那道城墙好长啊！

那就是长城！

长 城

长城一开始只是一些几百年间建筑的小段城墙，这些城墙由中国第一位皇帝——秦始皇（秦朝，公元前221年至公元前207年）——串联起来，形成了将近6400千米长的长城。后来的汉朝皇帝又不断地修筑，把长城变得更长。事实上，中国人通常称长城为"万里长城"。

长城位于中国边境，它的目的是阻挡住在北方草原的"胡人"。中国士兵在长城的要塞和瞭望台上站哨，当敌人来袭时，士兵就会以旗帜或烽火向下一座高塔的士兵发出信号。士兵同时也是

边境的边防部队，防止罪犯逃离中国。

　　长城大部分是用好几层的泥土做成的，这些泥土经过捶打，变得非常坚硬。泥土中还加进一层层的茅草或碎石，让它更加坚固，有时候外层还会叠上土砖。一千多年后，明朝人会用石砖把长城重修得更雄伟、更壮丽。不过现在泥土墙就够用了。

　　就算只是土墙，它也已经很壮观了，不是吗？

艾玛在旅游指南里读到长城位于中国的边境。这真是个好消息，他们所有的煎熬就快要结束了。

但是，要怎么爬过去呢？宾克顿家的孩子们伺机而动。

当他们看见一段楼梯时，就立刻从骆驼背上滑下来……然后用最快的速度跑过去！

宾克顿家的孩子们再次开始逃亡！

我实在跑得烦了。

风 筝

开始觉得旅行有点儿无聊了吗？想换点儿花样吗？空出一些时间来放风筝吧！

风筝是中国人在汉朝之前发明的，没有人知道这个点子究竟是从哪里来的。据说，有个农夫的斗笠被一阵强风吹走了，不过他还拉着斗笠上的一根绳子——这顶斗笠就成了历史上的第一只风筝！还有人说，制作风筝的灵感是从船上飘走的一块帆布来的。

在早期中国，风筝被用于战争中。

莉比再次让他们大吃一惊。

据说，一位将领曾经把风筝放到敌军城池上方，然后测量风筝线的长度，借此推算他们需要在城墙下挖多长的地道。还有一位将军趁着夜色把特制的风筝放到敌营上空，这些风筝发出恐怖的尖啸，把敌人吓得不战而逃。除此之外，风筝也被用于发送信号和传递情报。

古代中国的风筝有些很大，足以把一个人载上天空。这听起来很好玩，实际上非常危险，甚至还曾被当成处罚犯人的刑罚，大部分犯人都坠落地面而死。（一点儿都不好玩！）

乔什和艾玛跟着莉比跳了下去，然后……三个人都……慢慢地……往下……飘。

但是真正的"蛮夷"出现了！

北方的游牧民族

究竟谁才是所谓的"蛮夷"或者"胡人"呢？当然，对古代的中国人来说，所有的外国人都是胡人。但是，所有胡人中最让他们头痛的是住在北方的游牧（四处放牧牛羊）民族。

这些游牧民族和古代的中国人非常不同，他们不过安定的农耕生活，而是到处打猎、放牧，在北方草原四处为家，为他们的羊群和马匹寻找新鲜的草地。说到马匹，这些游牧民族几乎是生下来就会骑马，骑起马来就像一阵风！到了夜晚，他们睡觉的地方也是帐篷，而不是房子。

他们有一个坏习惯，就是到中国人的村落里打家劫舍。这对古代的中国人来说是个很大的问题，于是他们尽一切所能来阻挡游牧民族——和他们做买卖，用丝绸贿赂他们，甚至把美丽的公主嫁给他们。当然，还有兴建长城。

在汉朝时，这些骑马的游牧民族是匈奴。在往后的历史中，蒙古人将从北方入侵中国，再往后则是女真人。游牧民族都很恐怖，所以识相点儿，闪到一边去吧。这是我给你的最后的警告！

宾克顿家的孩子们试着和他们讲道理。

停！慢着！我们也是胡人啊！

是啊！我们和你们是一伙儿的！

但这些胡人不会好好地听你讲话。他们的千军万马像奔雷一样逼近宾克顿家的孩子们，逼得他们再次爬上城墙！

孩子们攀上风筝的绳索，却不得不在中间停下来。

下有胡人，上有中国士兵！而中间……吊着宾克顿三兄妹！

真是进退两难啊！

至少我们还在一起。

他们只有一件事可以做了。

快读书！

这样做有效吗？能帮他们成功脱困吗？情况实在非常危急！宾克顿家的孩子们……

读啊！快读！

就在千钧一发之际，他们逃走了！

宾克顿家的孩子们完全不理会佩蒂格鲁先生的邀请，直接走向大门。

你们确定不再待一会儿吗？

他们发誓，这辈子永远不再靠近神奇时光旅行社了，永远！

你如果再看到我吃面，就踹我一脚！

永远？哎呀，永远可是很长一段时间。

哪怕对于时光旅行者来说，也是很长一段时间呢！

古代中国

事实还是虚构？

你相信《如果你去古代中国》这个故事吗？

宾克顿家的孩子们是虚构的，他们的经历也不过是个故事。不过，古代中国确实曾有一段时间是受皇帝统治的，养蚕取丝的技术也是不可外传的秘密。嗯，如果你真的想知道，就阅读旅游指南吧！旅游指南里的内容都是事实。《朱利安·佩蒂格鲁的独家旅游指南——古代中国》里提供的信息都是根据历史事实写的。

更多关于古代中国的信息

中国拥有悠久而丰富的历史。史前人类在中国的洞穴里住了五十万年以上；到了九千年前，开始出现农耕聚落；到了青铜器时代，中国最早的统治王朝——商朝（约公元前1600年到约公元前1046年）——在中国北方兴建了有城墙保护的城市。

到了公元前221年，中国才变成一个统一的帝国。当时秦国的领袖打败了敌国的统治者，封自己为中国的始皇帝。（秦在英文里的发音是chin，这也是中国被称为China的由来。）秦始皇是一个残暴的人，他的皇朝维持了不到十五年。即使如此，他还是完成了许多丰功伟业，包括将许多段城墙扩张、连接，形成长城。

宾克顿家的孩子们造访的就是秦之后的朝代——汉朝。这个著名的朝代维持了四百多年（公元前202年到公元220年），不过其中有一段很短的时间由别的领袖掌权。汉朝是一个进步、充满创造力、向外扩张的时代。此外，汉朝的文学发达，几部历史巨著在此时完成。丝绸之路出现并逐渐发展，文官制度（政府官员的制度）也正式形成。这个朝代有许多伟大的建树和发明，被视为古代中国文明的盛世。

在隋朝一统天下以前，汉朝之后的中国经历了三百年的分裂与动荡不安。中国由皇帝统治的中央集权制度延续了两千多年，最后在公元1911年宣告结束。在此期间，出现过许多朝代，有些朝代只维持了数十年，有些则是数百年。不过，不论怎么改朝换代，中国的中央政府和文官制度都始终存在。

中国是个很大的国家——以前是，现在依然如此。横越宾克顿家的孩子们造访的这个国家需要很久的时间，而走古丝绸之路去西方世界则需要更久的时间。

即便如此，很多历史学家仍渴望走这条路！不过，他们得找对旅行社才行。

图书在版编目（CIP）数据

如果你去古代中国 / (加) 琳达·贝利著; (加) 比尔·斯莱文绘；蔡慧菁译. —北京：北京联合出版公司，2022.1

（让孩子爱上古文明）

ISBN 978-7-5596-5630-8

Ⅰ. ①如… Ⅱ. ①琳… ②比… ③蔡… Ⅲ. ①中国历史－古代史－少儿读物 Ⅳ. ①K220.9

中国版本图书馆CIP数据核字（2021）第210001号

北京市版权局著作权合同登记号：01-2019-6209号

让孩子爱上古文明：如果你去古代中国

作　者：[加]琳达·贝利		绘　者：[加]比尔·斯莱文	
译　者：蔡慧菁		版权支持：张　婧	
出 品 人：赵红仕		出版监制：辛海峰　陈　江	
责任编辑：郭佳佳		特约编辑：王周林	
产品经理：魏　傩		装帧设计：人马艺术设计·储平	

北京联合出版公司出版
（北京市西城区德外大街83号楼9层　100088）
北京联合天畅文化传播公司发行
天津光之彩印刷有限公司印刷　新华书店经销
字数 100千字　889mm×1194mm　1/16　印张 15.5
2022年1月第1版　2022年1月第1次印刷
ISBN 978-7-5596-5630-8
定价：168.00元（全5册）

献给我的朋友芭芭拉·克诺克斯，她也在中国展开了一场探险之旅。

——琳达·贝利

献给娜塔莉亚，她热爱在这个壮丽而庞大的世界中旅行。

——比尔·斯莱文

致谢

感谢皇家安大略博物馆远东考古学怀特主教馆馆长沈辰博士。

他抽出宝贵的时间鼎力相助，并对本书的初稿和插图的准确性进行了审阅。

此外，感谢王启军分享他在中国古代建筑和家具制式方面的宝贵知识。

让孩子爱上古文明

GOOD TIMES TRAVEL AGENCY: ADVENTURES IN ANCIENT GREECE

如果你去古希腊

·看漫画·学历史·

Linda Bailey   Bill Slavin

[加]琳达·贝利 著 [加]比尔·斯莱文 绘 黄筱茵 译

北京联合出版公司
Beijing United Publishing Co.,Ltd.

让孩子爱上古文明

我常常听到一些人抱怨"为什么要学历史啊？这样不是越学越回去了吗？""历史只是靠背诵、记忆而已，没什么好学习的""我以后要往高科技发展，学历史干吗？"之类的话。事实上，学习历史并不单是知道过去发生的事而已，它在思考能力的培养、批判能力的训练，甚至世界观的养成上，都有重要的成效。

唐太宗曾经说过："夫以铜为镜，可以正衣冠；以史为镜，可以知兴替；以人为镜，可以明得失。""鉴往"之所以能够"知来"，关键就在于从有迹可循的历史中归结出可能发生的状况，找出导致的结果，也就是说，鉴往知来正是思考能力的具体表现之一。

在阅读历史事件时，我常鼓励加入一点儿"想象"。如果戊戌变法和日本的明治维新一样成功，那么现在我们的社会会是怎样？如果欧洲没有经历过"黑暗时代"和黑死病肆虐，文艺复兴的百花齐放会产生吗？这些想象或许得不到最终的答案，却是最好的批判思维训练。

当然，学习历史最显著的功用就是养成"世界观"。

穿越历史世界，你可以在任何时间、空间，到任何国家、民族去参与发生过的事件（还有个好处——不必冒着生命的危险）。从历史发展的脉络中，你会发现东西方的观念为什么不同，西亚地区现在仍然紧张的局势是什么原因造成的。在历史中穿梭游览，无形中丰富了我们的人生，国家甚至世界的脉动也都在你的掌握中了！

这套"让孩子爱上古文明"系列看漫画学历史的书，正是小朋友学习历史的敲门砖。在书中，宾克顿家的三个孩子误闯神奇时光旅行社，翻阅旅行社老板佩蒂格鲁的独家旅游指南，进行古文明时光旅行，在惊险有趣的冒险中畅游了中世纪、古埃及、古希腊、古代中国和冰河世纪。

有趣的是，故事的铺陈很有技巧地将历史隐藏其中，对于觉得学习历史太沉重的孩子来说，完全不着历史痕迹。我建议，孩子们在看这一系列童书时，和书中一派轻松的故事情节叙述一样轻松阅读，跟着宾克顿家的孩子们去冒险，去看古埃及人的生活，尝尝汉朝时的面条，参加古代奥林匹克运动会，或是经历一场冰河世纪的探险。

放轻松是最重要的，不必太在意故事情节中虚构的部分（这部分在书的最后均有解释），反正"好玩就好"！

黄永川（台北历史博物馆馆长）

宾克顿家的双胞胎乔什和艾玛，以及他们的小妹莉比，正站在神奇时光旅行社外头，紧张地盯着旅行社的大门看。也难怪他们会这样，因为每次穿过那道门，他们都会回到某个古文明去旅行，而且都遭遇了危险，还差点儿没命！

不过，乔什有个令人兴奋的主意！他梦想了好多年，希望可以去看看奥运会。那么，何不借时光旅行到未来去看奥运会呢？这样他们还会成为史上最早观看下届奥运会的孩子呢！

但他得先说服艾玛才行。

神奇时光旅行社

不过是时间旅行而已啦，艾玛！能出什么问题呢？

能不出什么问题呢？！

乔什鼓起勇气告诉佩蒂格鲁先生他们为何而来。

啊？

先生，我们想到未来去参观下一届奥运会。

乔什尽力说明着……不过莉比老是捣乱。

就是运动？每四年一次？奥林匹克——

莉比！

佩蒂格鲁先生应该听懂乔什的意思了，他走向摆放旅游指南的书柜。

奥林匹克……嗯。

莉比，你答应过这回要乖乖听话的。

我会的。

乔什和艾玛被莉比弄得紧张兮兮的，根本没留意旅游指南的标题。噢！这可是个错误，天大的错误！

乔什兴奋地翻开书页。书本发出一道可怕又奇妙的闪光，然后……

宾克顿家的孩子们抵达现场了！
但是，他们究竟抵达了什么地方？
这里看起来可一点儿也不像他们在电视上看过的奥运会！他们赶紧查阅旅游指南。

这是个战场啊！我们在这里做什么？

我的天哪！我们在古希腊——奥运会诞生的地方。

**朱利安·佩蒂格鲁的
独家旅游指南——古希腊**

欢迎来到古希腊，这真是理想的度假选择。

不过，你光临的时机太糟了！因为你刚好出现在一场战役中。

很不幸的是，这里经常发生战争。

公元前5世纪的希腊由数百个城邦（城市加上周围的乡间地区）组成。由于希腊山峦多、平地少，为了争夺耕地，这些城邦始终无法和睦相处。

古希腊战役中的步兵叫"重装步兵"。他们身穿铜制的盔甲，用一种简单的方式作战：士兵们排成八排的方阵，号角响起时就一起向前冲锋。

彼此聚拢非常重要！每位重装步兵都举着一面被称为"大圆盾"的盾牌。只要他们肩并肩作战，左右两位战友的盾牌就能为重装步兵提供防护。

最后，两军正面交锋的时刻到来了！前排的士兵用长矛刺向对方，后排的士兵试图让前排的士兵往前推进，越过敌军阵线。士兵们刀剑齐出，一阵阵呐喊声在空中回荡！战斗残酷又激烈，而最糟的位置就是两军之间！

如果你正在观赏一场战役，千万当心，绝对不要被困在两军之间。

但是当下可没时间交谈。两方的部队不断逼近，宾克顿家的孩子们就快变成这个士兵三明治里的馅料了！他们惊恐地寻找掩护。

一定会很痛，一定会非常痛！

我讨厌这种情况。

眼看宾克顿家的孩子们就要像核桃那样被敌对的两军压扁了，可是，好几分钟过去后，竟然没有任何事情发生。

我想他们准备离开了。

城邦——分离却同属古希腊

希腊是一个充满陡峭的山峰与孤立的岛屿的地方，所以城邦大多彼此分开。难怪他们没办法和睦相处。

每个城邦就像一个小巧独立的国家。它和邻邦拥有相同的语言、宗教、信念和主要的风俗习惯，却无法在任何方面和邻邦合并。大部分人极度忠于自己的城邦，随时准备捍卫自己的城邦，甚至牺牲性命也在所不惜。

不过，住在城邦里的人都是古希腊人，他们会不时聚集在纯希腊式的庆典上，借由运动竞技赛彼此竞争，以此荣

一位头戴花环的男士似乎是大家目光的焦点。宾克顿家的孩子们悄悄地靠上前去，发现他正在宣读一纸休战协议。

我爱这个家伙！

你们必须停火，直到奥林匹克运动会结束。

艾玛觉得松了一口气。休战协议让他们有足够的时间阅读旅游指南，或许还可以让他们早点儿回家。

不过，乔什还是很想观赏奥林匹克的比赛，他甚至不介意这是古代的比赛。

这可是一辈子难得的机会啊！

我只希望能好好地活完一辈子。

耀他们的神祇。其中一项重要的庆典就是每四年举办一次的奥林匹克运动会。

当举办奥林匹克运动会的时节到来时，古希腊各城邦会暂时放下争斗。休

战协议宣读员会遍游古希腊，对人们宣布庆典的日期，并宣告战争必须暂停。这段和平时期叫作"奥林匹克休战期"，任何想前往比赛的人都可以安心上路。

宾克顿家的孩子们跟着一群士兵，终于抵达了一座城市的边缘。一看到有个看起来挺友善的人，他们便拦住他。

这里是奥林匹克运动会举行的地方吗？

啊，不是的！运动会在奥林匹亚举行。这里是世上最耀眼的城市——雅典。

雅　典

想找乐子？那你一定不能错过雅典。公元前5世纪时，这里可是最热门的地方。它是古希腊最大的城邦，人口超过二十五万，也是古希腊最富裕、最强盛的城邦。

就像其他希腊城市一样，雅典也被高墙环绕。（在目睹了一场战役后，你应该了解为何如此了吧！）它坐落在爱琴海边，拥有一个地理位置绝佳的港口。船只一年到头来来去去，忙、忙、忙啊！

至少计划用一两天四处走走吧！雅典是全希腊最优越的艺术与文化中心，人们来到这里向最优秀的艺术家、建筑师、戏剧家等学习，还有最优秀的……

不过，别光听我说，最好还是亲眼见识一下吧！

（这里真是棒呆了！）

被拦下的男孩叫迪米亚斯，他答应带宾克顿家的孩子们去奥林匹克运动会现场。不过，他坚持要先带他们逛逛雅典，起点是一座叫普尼克斯的山丘。

艾玛客气地专心听讲，乔什却一门心思想着别的事——猜猜是谁在运动场上大出风头？

它现在看起来不怎么样，可是，有集会时，会有上千人到这里投票。

好哇！乔什！

太棒了！好厉害！

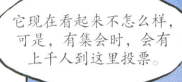

上千"人"？只有"男"人吗？

雅典的民主

抵达普尼克斯了吗？注意，这里可是创造历史的地方。

希腊是第一个由平民治国的地方，古希腊人称之为"demokratia"，也就是"直接民主政治"（"demos"是人民，"kratos"则是权力的意思），后来则叫作"民主"。

这个制度是这样运作的：一般市民每九或十天就会在普尼克斯举办大型聚会，投票决定各项事务。这种聚会叫

"评议会"，而且任何人都可以发言。听众可能会对发言者发出讪笑、嘘声，喝倒彩或热烈鼓掌，接着就举手表决。

可是，等等！不是"每个人"都可以投票。你必须是男性，身份自由（非奴隶），父母还必须是雅典人。意思是说，女人、数以千计的奴隶和外地来的人都不能投票。

好吧！看来这里的民主并不完美，然而它的确是古希腊的一项重要贡献。民主将茁壮成长，并散播到全世界。

13

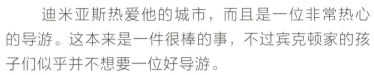

　　迪米亚斯热爱他的城市，而且是一位非常热心的导游。这本来是一件很棒的事，不过宾克顿家的孩子们似乎并不想要一位好导游。

　　接下来，他们来到一座剧场，里头恰好在排练一出戏剧。

棒极了，对吧！

嗯，很棒，棒极了。我们可以去参加奥林匹克运动会了吗？

莉比？莉比呢？——莉比！你马上离开那里！

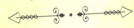

古希腊剧场

　　这是古希腊的另一个创举——世界最早的剧场！古希腊剧场的表演都是现场演出，所以就别期待能看到一部电影啦！

　　剧场建在户外的山丘上，可容纳超过一万四千名观众。试着找个前排的座位，不过，就算坐在后排也不必担心，因为古希腊剧场的建造方式让声音得以传播得很远，就算不用麦克风也一样（麦克风要再过好几千年才会被人们发明出来）。

　　古希腊剧场有一些奇怪的特色：主要演员通常不会超过三位，每位演员可能会戴上不同的面具，同时扮演好几个角色；另外还有一群称为合唱队的家伙会对观众唱歌、跳舞以及朗诵对白。

　　家伙？我刚刚是不是用了"家伙"这个说法？古希腊剧场只有男性演员，就算诠释女性角色也一样。（不好意思了，女孩们。）

乔什迫不及待地想离开雅典，可是迪米亚斯哪里听得进去！他答应他的新朋友们，要请他们吃点儿好东西，便催促着他们往市场的方向前进。

来吃橄榄吧！这可是全世界最棒的橄榄。

这算是"好东西"吗？

我想……嗯……把我的留着待会儿吃。

广场

想买些花吗？鱼、水果，或是柴、鞋子？那么到市场上准没错！这里被称为广场，你几乎可以在此买到（或卖掉）任何东西。

不过，广场可不只是个市场，它也是会面场所和古希腊城市的心脏。人们在这里和朋友相聚，闲聊生意状况或政府的一切，或者分享一下最新的八卦消息。选好门廊（有廊柱的长型开放建筑）下凉爽的位置，然后开始聊天吧！别担心找不到话题，雅典人口才很好。

你如果有多余的现金，也可以带过来。银行家或者放贷人可是很欢迎你和你的钱（雅典钱币是印有猫头鹰图案的银币）的。没有皮夹吗？或许可以试试用古希腊的方式携带你的钱——放在嘴巴里。

15

16

到广场上认识人最棒了，宾克顿家的孩子们很快就在那里遇见了一些古希腊的哲学家。

他们非常有趣。（好吧！我承认，其实也没那么有趣啦！）

古希腊哲学家

想离开雅典吗？再用力思考一下吧！

你不会是古希腊唯一想事情的人。这里的人很爱思考，还喜欢讨论正在思考的事情。古希腊人是好奇一族，渴望了解世界以及世界运作的方式。有些人思考星象与自然，有些人思考数学问题，还有些人思索人类该如何生活，更有些人试图回答很困难的问题，比如"什么是美""什么是爱"。

这些古希腊的思想家叫作"哲学家"（爱好智慧的人）。他们喜欢四处游历，教导人们他们的见解。留意广场上的哲学家，他们往往一小群地坐在一起，相互辩论与讨论……当然，也一块儿思考。如果你想思考思考，就加入吧！当然，你也可以只做个听众，然后……

喂！就是你！醒醒！给我专心一点儿！

最著名的古希腊哲学家（苏格拉底、柏拉图、亚里士多德）的观点十分重要，其影响将持续很长的时间。

艾玛注意到，她在雅典并没有见到太多女人。

她看到在水泉边的女孩们，便停下来打招呼。

那还用说，她们待在家里啊！

"那还用说"？这话是什么意思？

锵！锵！

你们为什么没有待在家里？

我们是奴隶。我们得工作。

艾玛觉得她们的水罐看起来很重，于是自告奋勇想帮忙。

不过，有时候，有一颗想帮忙的心……却帮不上什么忙。

不，等等！我可以办到的！

有没有人刚好带着万能胶什么的？呃，我猜也没有。

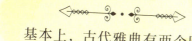

古希腊社会

基本上，古代雅典有两个团体：能够投票的男性市民与其他人（女人、奴隶和外来人）。

女人通常早婚（十四五岁左右），接着便待在家中操持家务。大部分雅典女人只有在参加葬礼或宗教庆典时才会外出（还好，这类场合不少），不然就是出门拜访亲戚或密友。

雅典家庭里通常至少有一两名负责处理大部分家务的奴隶。受过良好教育的奴隶负责督导家中的小孩。奴隶也操持家族的生意，或者在家庭农场里工作。他们多半是被奴隶贩子从别的地方抓来的，要不就是奴隶所生的子女。

最后，还有从别处来希腊居住的人，他们当中有些在此经商，相当富裕。不过，就像女人与奴隶一样，他们永远无法投票。（当然，你也不行，无论你在这里住多久。唉！我看你还是算了吧！）

17

艾玛试着尽量放松心情，享受雅典……

最美轮美奂的就是帕特农神庙！

噢！天哪！真的太美了。

真不错。那么，什么时候出发去奥林匹亚？

不过，艾玛这天实在不走运，或者说她根本不该来这个世纪！有人扔了一些垃圾，不幸的是，她正好迎头赶上。

这……不……好……玩。

棒极了！

可不可以让我开一下？

帕特农神庙

往上看，再往上看。俯瞰城市的岩石山丘叫作卫城。对雅典人来说，它是一个神圣的区域。山丘顶端由雪白的大理石建造的巨大建筑就是帕特农神庙，它是建来供奉雅典的女神雅典娜的。

仔细看一下帕特农神庙的廊柱，它们看起来很直，但你万万想不到，它们其实并不直，垂直的廊柱从远方来看是弯曲的。设计者为了让廊柱"看起来"垂直，便把廊柱的中段设计得比较宽，让眼睛因此产生错觉。

帕特农神庙的内部有一座覆盖着象牙与黄金的巨大雅典娜女神像，外头还有一座更大的青铜雅典娜雕像，她的手上拿着尖端装饰着黄金的长矛。雅典娜女神像就像是召唤水手的信号灯，从遥远的海上就看得到。

迪米亚斯邀请宾克顿家的孩子们到他家做客，可是这只让事情变得更糟了。他们还没穿过门口，艾玛和莉比就被带走了。

请和我们一起到女性生活区来。

女性什么？等……等——乔什！

古希腊家庭

累了吗？何不到当地人家里休息一下呢？不过，可别期待任何花哨的东西。这里的房舍是由覆盖着石膏的泥砖搭造的，地板则是石头或泥土材质。

比较富裕的古希腊人家有两层楼，楼下是餐厅（男性的饭厅），男主人用来招待朋友。楼上是内间（女性的生活区），女人、孩童和女奴隶在这里工作或游戏。

房屋中央是一座开放的庭院。找一下供奉希腊主神宙斯的祭坛，那里可能有一口用来汲水的井。

家具十分简单，主要是椅子、长凳和大箱子，也有放满了靠垫和被毯的木质长椅和小桌。盛满橄榄油的黏土桌灯则用来在夜里照明。

为什么需要在夜里照明呢？嗯，这很难说，说不定是因为有派对呢！

当天晚上，迪米亚斯家有一场晚宴，宴会上有丰盛的食物、饮料和余兴节目。艾玛很喜欢宴会上的音乐……不过只能隔得远远地听。

乔什亲身享受了这一切。

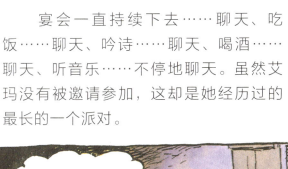

宴会一直持续下去……聊天、吃饭……聊天、吟诗……聊天、喝酒……聊天、听音乐……不停地聊天。虽然艾玛没有被邀请参加，这却是她经历过的最长的一个派对。

真希望能去参加派对。

真希望可以去睡了。

食物与晚宴

饿了吗？躺下来吃点儿东西吧！古希腊的食物既简单又健康，有面包、麦粥（用大麦或小麦制成）、水果、蔬菜和奶酪。大部分希腊人也很喜爱海鲜、蛋和家禽肉——还特别喜爱吃橄榄。

肉类通常在庆典或婚礼等场合才会供应。还是试试橄榄吧！什么？不喜欢橄榄？噢！那就糟了，希腊可是盛产橄榄的地方，所以你最好开始试着喜欢它。

古希腊人时常举办一种名为"会饮"的晚宴（抱歉，只限男性）。饮宴上的宾客头上戴着花环，脱掉平底凉鞋，躺在长椅上由奴隶服侍吃东西。

饮宴上要做些什么呢？当然是吃东西（一定会准备充足的橄榄）！饮料则是掺了水的酒。饮宴上有时会有表演者，但通常是由宾客自己提供余兴节目——歌唱、背诵诗词、猜谜或玩游戏。这里为你介绍一个游戏，等到你的杯子快空了的时候，把剩下的饮料弹到某个选定的地方，这叫作"铜盘游戏"（kottabo）。

第二天一大早，宾克顿家的孩子们就要求迪米亚斯带他们去奥林匹亚。迪米亚斯本来准备一个人驾驶叔叔的船去的。

他只邀请乔什一同前往，却没有邀女孩们加入。

不准投票！不准参加派对！也不准去奥林匹克运动会？

真是够了！这下子，艾玛下定决心，就算得一步一步地走去，她也一定要去看奥林匹克运动会。

我就算是爬也要爬去！

艾玛，等等啊！

可以让我开一下吗？

山丘起伏，路途艰辛，要到奥林匹亚得走上好久好久好久。

有没有人听过公交车这种东西？

一定有容易一点儿的法子。当乔什遇上一群来自斯巴达的旅行者时，他以为自己找到了好办法。

走嘛！他们有马匹和马车呢！

马车？我可以开一下吗？

古希腊的交通

想在古希腊旅行吗？给你一个忠告——走水路！借由水路旅行是目前已知最容易的方式。搭乘船只，轻轻松松就可以快速横越海洋，由这个岛"跳"到那个岛。顺风时，你每天可以旅行240千米。

如果你走陆路前往，那就太糟了。

这个山峦起伏的地方道路稀少，就算有路也崎岖陡峭。奥林匹克运动会期间，道路上十分拥挤，不太好通过。试着找一头骡子或驴子帮你载负行李，或者看看经过的牛车愿不愿意载你一程。

不过，最后你很可能还是得自己走路。（吃一个橄榄吧，这会让你开心一点儿。）

宾克顿家的孩子们很快发现，如果想过轻松的日子，就千万别与斯巴达人为伍。

噢！冰死了！

冰才好！

越冰越好！

那边有一片柔软的草地好睡觉啊！

乔什，他不想找柔软的草地。

斯巴达和斯巴达人

雅典人很有趣，可是，如果你真的想冒险，就去找斯巴达人吧！

斯巴达是一个强盛的古希腊城邦，和其他城邦大不相同。斯巴达男性全是职业军人，他们全部的时间都用来打仗或做各种和战争有关的训练。（其他城邦公民的职业是农人或工匠，只有部分时间需要作战。）

被斯巴达人养大并不容易。你一出生，长辈就会仔细检查你的身体状况。你如果看起来体质虚弱或有病，很可能就会被丢在附近的山区里等死。你如果是男孩，大约七岁就会被带离母亲身边，住在军营里，被训练成士兵。

你必须能忍受寒冷、痛楚和饥饿，好变成强悍的斯巴达战士。此外，你必须赤脚走路，还得喝黑汤——一种可怕的汤，用猪肉、猪血和醋烹调而成，这种令人作呕的食物的名声传遍了整个古希腊。

别期待你的妈妈帮你。斯巴达女性被教育得十分坚毅，她们生育强悍的战士儿子。母亲会送你上战场，告诫你要么做一名勇敢的士兵，带着盾牌凯旋；要么在战斗中牺牲，被放在盾牌上抬着回家。你如果懦弱到丢了你的盾牌，干脆就别回家了。有不少故事盛传，斯巴达母亲会因为儿子怯懦而杀了他们。

25

离开了斯巴达人，宾克顿家的孩子们继续单独上路。不过，当他们接近奥林匹亚时，乔什开始烦恼了。如果他们不让艾玛和莉比进入会场观赏比赛，那该怎么办？

别担心，我已经想好法子了。

记得迪米亚斯说过的话吗？

要让莉比看起来像男孩并不难……

就连她的亲哥哥也认不出来。

你觉得怎么样？

26

古希腊服饰和发型

在古希腊，不论男人、女人还是小孩都必须穿长袍。这是一种简易的羊毛或亚麻织的长方形布，系在肩膀与身侧，留下头、手可穿过的空隙，然后在腰部围上一条软腰带就大功告成了。女人的长袍长及脚踝，奴隶、小孩和工人的长袍比较短，只穿到膝盖左右。天气比较凉时，可以在长袍外穿一件外褂，再穿一双平底凉鞋，然后……变身！你

变成一个穿着得宜的古希腊人了。

发型就比较复杂了。男人通常蓄短发和胡子，男孩则把头发留长，不过，斯巴达的男孩留短发，男人则留长发。女人和女孩把头发留得非常长。还没结婚的女人留鬈发，婚后则用丝带、发夹和发饰把头发盘在头上。

你懂我的意思了吗？发型真复杂。不过别烦恼，只要能保持凉爽就对了。希腊的夏天可是非常炎热的。这下子你应该很开心自己的衣服宽松轻薄了吧！

就这样，艾玛"伪装"进入了古奥林匹克运动会会场。她和乔什的确招来了一些异样的眼光，不过没有人阻止他们。

奥林匹亚

◀─◇─•·•─◇─▶

欢迎欢迎，欢迎来到古希腊最伟大的奇观！加入数万名来到奥林匹亚观赏奥林匹克运动会的人。运动会每四年举办一次，目的在于纪念天神宙斯（还有其他运动会，用以纪念不同的天神，奥林匹克是最盛大的）。

四处瞧瞧吧！奥林匹亚并不是一座城市，而是位于乡间的一片草原，有树木和灌木点缀其间。你可以从阿尔提斯开始游览，这是一块满是神庙、祭坛和雕像的神圣土地。记得别错过：

1. 宏伟的宙斯神庙（壮观的宙斯神像是古代文明七大奇迹之一）。

2. 神圣的橄榄树，胜利者的花环

你的腿真长
啊！你会参加
运动会的跑步
项目吗？

嗯……除非不
得不参加。

空气……
我需要空
气……

嗨！各位，很高兴见到
你们。比赛真不错！

这里头可真够
闷热的。

是由一名拿着金色镰刀的男孩从树上
砍下的。

3. 赫拉神庙，赫拉是宙斯的妻子。
4. 宙斯的伟大祭坛。

附近是体育场（赛跑项目的跑道）
和竞技场（马匹跑道）。你最好早点儿
到达现场，好观赏比赛！

现在得告诉你一个坏消息了。不要

期待这里有舒适的环境。此时正当盛
夏，天气酷热无比。到处都是苍蝇，现
场拥挤、尘土飞扬又嘈杂，而且没有地
方可供梳洗，也几乎没有地方可以睡觉
（除了户外）。饮用水可能十分污浊，而
且根本找不到厕所！

除了这些状况以外……嗯！这真是
个很棒的地方。好好享受吧！

宾克顿家的孩子们坐下来观赏比赛，却大吃一惊。

前面的，给我坐下！

我都看不见了！

我现在可以看了吗？

我不确定你会不会想看。

奥林匹克运动会

别傻站在那里呀，赶快找个地方坐下。有四万个观众和你争抢最好的观赛位置呢，所以你可得抓紧时间！

找好位置了吗？很好。如果你戴着帽子，就赶快脱掉。帽子会挡住别人的视线，这是被禁止的。

观赏这些古老的比赛时，你可能会发现不少和现代奥运不同的地方。例如：

· 没有团体运动。

· 没有水上运动。

· 没穿衣服！

当然，是运动员没穿衣服啦！古代奥林匹克运动会是不穿衣服比赛的。有一种说法是，很久以前，一位运动员在一场比赛中衣服掉下来了，最后他赢得了比赛，因此创造了一种流行趋势。

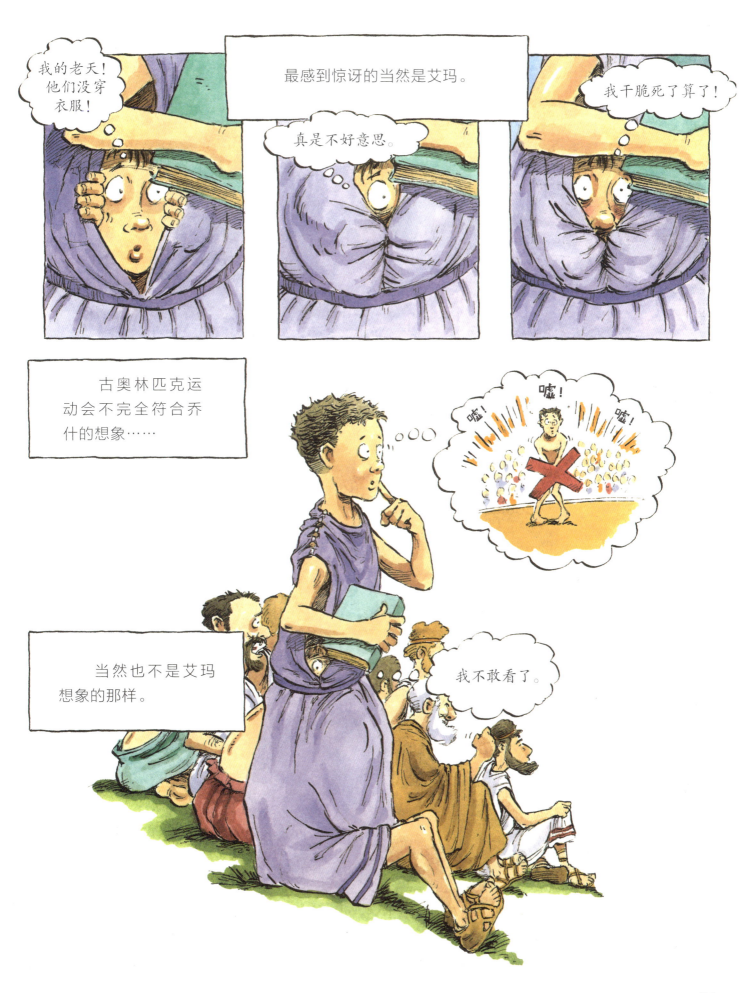

不管运动员穿没穿衣服，比赛都很刺激。事实上，比赛刺激得孩子们很快就忘了运动员没有穿衣服的问题。

他们跟着人群，睁大眼睛尽量看。

摔跤

赛跑

拳击

五项全能运动

古希腊式搏击

你在这里一定要尽量找机会观赏各项主要赛事。除了马术竞赛，还有：

·赛跑——短距离赛跑、长距离赛跑以及长跑。

·摔跤——需要技巧与优雅的竞赛。

·拳击——绑有皮带的拳击手对决。

·五项全能运动——五项运动竞赛，包括赛跑、跳远、摔跤、掷标枪和掷铁饼。

·古希腊式搏击——既激烈又暴力，结合了摔跤和拳击。

如果你不喜欢暴力，最好离古希腊式搏击远一点儿。比赛允许参赛选手挥拳、打人、摔跤、扭对手的手臂、折断对手的指头，甚至掐对手的脖子。有些参赛者甚至为比赛赔上了性命！

也有特别为十二岁到十八岁的男孩举行的活动，还有一项重装步兵穿上盔甲、沿着跑道相互击矛的比赛。

任何一项奥林匹克竞赛的优胜者赢得的大奖都是……一项由橄榄树枝编结而成的头冠。听起来好像没什么嘛！别担心，优胜者凯旋时，会受到自己城邦的盛大褒扬。

乔什和艾玛对各种比赛太感兴趣了，因此忘记了留意他们的小妹妹。这可真是大错特错！

是马车比赛！

莉比？莉比上哪儿去了？

马术比赛

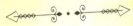

准备好狂野上路了吗？赶快到竞技场（马匹跑道）去看马术比赛吧。

马术比赛是古奥林匹克赛事中最受欢迎的项目。那时，马鞍和马镫都还没有发明，所以骑师是直接骑在光溜溜的马背上、双脚悬空的。这样不是很累人吗？这样不是很难控制马匹吗？那还用说啊！

马车比赛就更刺激了，但也更危险。马车比赛有两马的和四马的两种。这是一种粗犷、让人牙齿直打战的体验。竞技场并不像现代的赛马跑道那样是环状的，而是直线跑道，所以马车必须往返，绕过两端的柱子掉头再跑。

柱子是最危险的地方。如果你刚好是马车的御者（告诉你，这个主意坏透了），试着在转弯时保持超前！要是你没办法办到，下场可能会很惨，你的车轮可能会卡死！你可能会翻车，或是撞上其他马车，要不就是柱子！就算你运气好没有撞车，四周咆哮的其他御者、神经紧绷的马匹、满天烟尘和连环撞车的情况也会把你吓死。

难怪这是整个古奥林匹克运动会中最危险也最受欢迎的项目。

乔什和艾玛用最快的速度（当然，没办法很快啦！）冲向竞技场中央。当他们到达那里时，莉比早就不见了。

您有没有看见一个小女——呃，男孩……大概这么高？

如果乔什和艾玛不是很了解他们的妹妹，那他们八成要担心死了。

我很肯定，她一定躲在哪里！

那里！

莉比这下子成为全奥林匹亚最不受欢迎的人了。乔什和艾玛明白，他们得把她夹带出去。办法只有一个。

你确定这样行得通吗？

没问题！

问题大了！

宾克顿家的孩子们试图找到一条离开奥林匹亚的路，却卡在一大群人当中走不出去。人群把他们挤到一座高耸的祭坛前，对乔什来说，祭坛看起来就像一个超大的烤肉架！

圣烟！

没错！

把莉比也藏在袍子底下之后，乔什看起来就不仅仅是高了，他身上还鼓鼓囊囊的。

真不该吃那么多橄榄。

古希腊宗教和祭祀

因为有这么多运动赛事，所以，人们很容易忘记，奥林匹克运动会打从一开始就是个宗教庆典。举办这些赛事是为了颂扬古希腊人信奉的世界主宰——宙斯。

古希腊人信奉多神，他们相信，其中最重要的十二位神祇就住在希腊最高的山峰，也就是奥林匹斯山上。这些神祇包括宙斯（众神之王，掌管雷电）、波塞冬（海洋的主宰）、赫拉（象征女性与婚姻的女神）以及阿佛洛狄忒（掌管爱与美的女神）。古希腊人相信这些神会影响自己的生命，他们可能会帮助自己，也可能会危害自己。为了取悦众神，人们祈祷、祭祀，还举办各项庆典（例如奥林匹克运动会）。

古奥林匹克运动会期间会同时举行对宙斯敬献的盛大祭祀仪式。据说宙斯喜欢燃起的烟雾，所以仪式中会宰杀一百头牛，并用牛的大腿骨在祭坛上焚烧，作为送给宙斯的献礼。剩下的牛肉则会拿去烹烤，让众人分食。记得留在附近，说不定饥肠辘辘的你可以分到一根牛肋骨。

宾克顿家的孩子们在观看运动竞赛期间没什么东西可吃，所以他们就留了下来。烤肉端出来了，乔什赶紧拿起肉块，补吃过去几餐的份。

他的姐妹们就没有这么幸运了。

嘿！那是什么味道？

乔什，你在吃东西吗？

姐妹们掐了他好几下，乔什才反应过来，想了个办法跟她们分享。

哎呀！掉了。我真是不小心！可不可以再给我一块啊？

古希腊人肯定起疑了。可是，一切都还过得去，要不是……莉比！

?!

那个给我！

糟了！三个人的秘密被揭穿了……

追逐赛上演！

古奥林匹克运动会上有许多优秀的跑者，其中有些可能跑得比宾克顿家的孩子们快，可是肯定没有一个像他们这么拼命！

他们跑到唯一一个他们知道可以躲藏的地方。

宾克顿家的孩子们遇到了大麻烦。他们已经准备回家了，却不得不躲起来。只要他们躲起来，就没办法把旅游指南看完，而看完才能回家！

宾克顿家的孩子们一直等待着离开的机会。在他们还没有进一步动作时，他们藏身的地方竟然开始移动了！

三个人在他们藏身的罐子里滚了很长一段时间后，突然，罐子又开始以一种完全不同的方式移动着。

宾克顿家的孩子们被带上了一艘既嘈杂又拥挤的船，这艘船正以非常快的速度前进。

为什么这么挤啊？

我猜这是一艘战舰。

什么？？

古希腊战舰

何不搭乘三层划桨战舰，来一趟悠闲的航行？三层划桨战舰是一种战舰，可是别紧张，奥林匹克休战协议仍有效，所以你的处境很安全。登船吧！

三层划桨战舰很长，船身轻盈狭窄，可容纳一百七十名划桨手。这些划桨手像沙丁鱼似的挤在下层甲板上，他们分坐在三个楼层，以免撞到彼此的船桨。

三层划桨战舰可不单是一艘战舰，它也是一种武器。船头锐利的舰艏冲角是设计来撞击的，可以撞进敌舰的侧面，也可以和敌舰并行，削掉敌军的船桨。

三层划桨战舰的两边分别绘有一只巨大的眼睛，用来保护船舰不受邪恶侵犯，因此很容易辨认。如果你在游船期间看见其他三层划桨战舰，就挥挥手打个招呼吧！只要奥林匹克休战协议还有效，你就十分安全。

当然，除非某些人破坏了协议……

43

啊啊啊！

啊啊啊！

宾克顿家的孩子们从来没有像现在这样死命地读书。他们读得飞快，快到火花从书页上飞溅了出来。可是另一艘船快追上来了！它从侧面撞上来了！宾克顿家的孩子们……

就在千钧一发之际，他们逃了回来！

这是最惊险的一次。

46

宾克顿家的孩子们当场发誓，如果以后要看奥运会，从电视上看转播就好。

我们会坐在房间的另一头。

我们会坐在过道里！

我们甚至不会坐得离电视很近。

他们走出神奇时光旅行社的大门时，又发了第二个誓。

我们绝对、一定、永远不再相信佩蒂格鲁先生了，对不对？

对！

永远？嗯，那可是一段很长的时间呢！就算对时光旅行者来说，也是很长的时间呀！

古希腊

事实还是虚构？

你相信《如果你去古希腊》的故事吗？

宾克顿家的孩子们是虚构的，他们的冒险也不过是个故事。

可是的确有古希腊人，他们建造了剧场，举办了最早的奥林匹克运动会，还有……这个嘛，如果你真的想知道，就阅读旅游指南吧！你会在书里发现古希腊的一些事实。《朱利安·佩蒂格鲁的独家旅游指南——古希腊》依据的是真实的历史事实。

更多关于古希腊的信息

古希腊创造出了世界上最杰出的文明之一，它和两个更早的文明——米诺斯文明与迈锡尼文明——是在同一个地区孕育出来的。

公元前8世纪左右，古希腊人开始在地中海附近建立殖民地。古希腊人和其他地区进行贸易，让古希腊繁荣兴旺，并学到了许多新观念。

希腊文明大约在两千五百年前诞生，这个时期也叫"古典时期"。宾克顿家的孩子们拜访的就是这个时期。古典时期的希腊孕育了世界上最早的历史学家和科学家，他们对数学、天文学和地理学的发展有很重要的贡献。古希腊也开创了世界上最早的民主，像柏拉图和亚里士多德这样的古希腊哲学家的许多观点直到今日还在为人所研读，而古希腊医师希波克拉底更被视为西方医学之父。

公元前4世纪时，古希腊为邻近的马其顿所统治。马其顿的亚历山大大帝非常仰慕希腊文化，于是把希腊文化传遍了他的帝国。之后，罗马统治希腊的时期，罗马人也十分钦慕希腊文化，于是沿袭并发展了希腊的艺术和观念。今天，古希腊文化则被视为西方文明的源头。

现在，我们了解了不少和古希腊相关的事，还有奥林匹克运动会……不过我们了解的程度恐怕不够。举例来说，历史学家对于奥林匹克休战协议就没有完整的信息。虽然传令官通报的范围遍及整个希腊世界，但我们并不清楚协议是能保护到所有的希腊城邦，还是仅限于伊利斯（奥林匹亚所在地）。另外，奥林匹克赛事的规则逐年演变，因此，我们也不能确知详尽的状况。历史学家对于像艾玛这样的女孩能否参观赛事也有争议（已婚妇女绝对在禁止之列）。

我们是否知道古希腊的一切呢？当然不是。我们未来还能了解更多吗？有可能。历史学家和考古学家一直在搜寻新线索。他们会很乐于到古希腊一游，不过，他们得找到对的旅行社才行！

图书在版编目（CIP）数据

如果你去古希腊 /（加）琳达·贝利著；（加）比
尔·斯莱文绘；黄筱茵译. —北京：北京联合出版公
司，2022.1
（让孩子爱上古文明）

ISBN 978-7-5596-5630-8

Ⅰ．①如…　Ⅱ．①琳…　②比…　③黄…　Ⅲ．①古希腊
－历史－少儿读物　Ⅳ．①K125-49

中国版本图书馆CIP数据核字（2021）第210000号

北京市版权局著作权合同登记号：01-2019-6195号

让孩子爱上古文明：如果你去古希腊

作　　者：[加]琳达·贝利　　　绘　　者：[加]比尔·斯莱文
译　　者：黄筱茵　　　　　　版权支持：张　婧
出 品 人：赵红仕　　　　　　出版监制：辛海峰　陈　江
责任编辑：郭佳佳　　　　　　特约编辑：王周林
产品经理：魏　傕　　　　　　装帧设计：人马艺术设计·储平

北京联合出版公司出版
（北京市西城区德外大街83号楼9层　100088）
北京联合天畅文化传播公司发行
天津光之彩印刷有限公司印刷　新华书店经销
字数 100千字　889mm×1194mm　1/16　印张 15.5
2022年1月第1版　2022年1月第1次印刷
ISBN 978-7-5596-5630-8
定价：168.00元（全5册）

献给我的朋友及作家同行黛博拉·霍奇，我写的这些书都离不开她的洞察与建议。

——琳达·贝利

献给"敏捷之神"格拉汉姆。

——比尔·斯莱文

致　谢

感谢温尼伯大学的马克·戈登博士和多伦多大学的伊莲诺·艾文博士。

他们抽出宝贵时间审阅了本书的初稿，并提出了许多宝贵的建议。

让孩子爱上古文明

GOOD TIMES TRAVEL AGENCY: ADVENTURES IN THE MIDDLE AGES

如果你去中世纪

·看漫画·学历史·

Linda Bailey　　Bill Slavin

[加]琳达·贝利 著　[加]比尔·斯莱文 绘　夏高娃 译

北京联合出版公司
Beijing United Publishing Co.,Ltd.

让孩子爱上古文明

我常常听到一些人抱怨"为什么要学历史啊？这样不是越学越回去了吗？""历史只是靠背诵、记忆而已，没什么好学习的""我以后要往高科技发展，学历史干吗？"之类的话。事实上，学习历史并不单是知道过去发生的事而已，它在思考能力的培养、批判能力的训练，甚至世界观的养成上，都有重要的成效。

唐太宗曾经说过："夫以铜为镜，可以正衣冠；以史为镜，可以知兴替；以人为镜，可以明得失。""鉴往"之所以能够"知来"，关键就在于从有迹可循的历史中归结出可能发生的状况，找出导致的结果，也就是说，鉴往知来正是思考能力的具体表现之一。

在阅读历史事件时，我常鼓励加入一点儿"想象"。如果戊戌变法和日本的明治维新一样成功，那么现在我们的社会会是怎样？如果欧洲没有经历过"黑暗时代"和黑死病肆虐，文艺复兴的百花齐放会产生吗？这些想象或许得不到最终的答案，却是最好的批判思维训练。

当然，学习历史最显著的功用就是养成"世界观"。

穿越历史世界，你可以在任何时间、空间，到任何国家、民族去参与发生过的事件（还有个好处——不必冒着生命的危险）。从历史发展的脉络中，你会发现东西方的观念为什么不同，西亚地区现在仍然紧张的局势是什么原因造成的。在历史中穿梭游览，无形中丰富了我们的人生，国家甚至世界的脉动也都在你的掌握中了！

这套"让孩子爱上古文明"系列看漫画学历史的书，正是小朋友学习历史的敲门砖。在书中，宾克顿家的三个孩子误闯神奇时光旅行社，翻阅旅行社老板佩蒂格鲁的独家旅游指南，进行古文明时光旅行，在惊险有趣的冒险中畅游了中世纪、古埃及、古希腊、古代中国和冰河世纪。

有趣的是，故事的铺陈很有技巧地将历史隐藏其中，对于觉得学习历史太沉重的孩子来说，完全不着历史痕迹。我建议，孩子们在看这一系列童书时，和书中一派轻松的故事情节叙述一样轻松阅读，跟着宾克顿家的孩子们去冒险，去看古埃及人的生活，尝尝汉朝时的面条，参加古代奥林匹克运动会，或是经历一场冰河世纪的探险。

放轻松是最重要的，不必太在意故事情节中虚构的部分（这部分在书的最后均有解释），反正"好玩就好"！

黄永川（台北历史博物馆馆长）

乔什和艾玛·宾克顿正站在神奇时光旅行社门前，吓得战战兢兢的。

当然，谁不会害怕呢？"神奇时光"可不是什么普通的旅行社。它像鬼魂一样阴森可怕，还像没人收拾的旧垃圾桶一样脏兮兮的：天花板上到处挂着蜘蛛网，地上有不少老鼠屎，看起来就像二十年没人进去或出来过一样！

可是，宾克顿家的孩子们知道真相不是这样。他们确实走进去过，他们知道这是个什么样的地方，而且他们现在正准备……鼓起勇气再次走进神奇时光旅行社。

费尔南多
鲜鱼店

你先进。

不要推我。

朱利安·佩蒂格鲁
店主

旅行社的主人——朱利安·佩蒂格鲁——还坐在孩子们上次登门时他坐的那个地方。

乔什并不在乎这个地方看着有多恐怖。他从记事起就一直梦想着做个骑士：手持利剑，生活在城堡里——还有什么比这更棒的吗？

可是，艾玛忍不住想起他们上次穿越时空旅行的经历。那次他们带上了妹妹莉比，结果差点儿把小命都丢在古代了！

我想要回到中世纪，先生，我想当骑士！

老天！幸亏这次我们把莉比留在家里了。

朱利安·佩蒂格鲁很快在架子上找到了能带他们穿越时空的旅游指南书。

朱利安·佩蒂格鲁的独家旅游指南

中世纪

去中世纪？哎哟喂，这可有点儿危险。

嗯……危险吗？

想想吧，艾玛，你穿越过去就是公主了！

中世纪

您的旅程将在本书翻开时开始，在本书读完后结束。

乔什把艾玛的担心抛在脑后，翻开了手里的旅游指南。在一阵可怕又奇妙的强光之后……

他们穿越到了中世纪！不幸的是，这里的情况和乔什想象的不太一样。

嘿，等一下！我的盔甲哪里去了？

哎呀，这本书上可没有半个字是讲公主的。

朱利安·佩蒂格鲁的独家旅游指南——中世纪

欢迎来到中世纪！一个绝佳的度假胜地！

作为美好假期的开始，为什么不去找几位农民聊一聊呢？在这里生活的大多数人都是农民，所以，找到他们一点儿都不难。

国王

领主

骑士

农民

妈妈，他们是谁？

他们和咱们一样，是当农民的穷人。

农民是中世纪社会群体——或者说社会阶级——的一种，他们是所谓"封建社会"的最底层。"封建社会"是这么回事：

全国的所有土地都属于国王，不过他会把这些土地分封给强大的领主。作为回报，这些领主承诺给国王提供自己的士兵，并在战争爆发时为国王而战。领主们也会把自己的封地分封给小领主或者骑士，这些低级贵族会对自己的领主做出同样的承诺。

所有领主都会把小块土地赐给实际耕种这些土地的农民。作为使用土地的回报，农民每周必须至少有两至三天耕种领主的土地。而且农民不能免费使用领主的磨坊和烤炉，他们必须给领主上交鸡蛋、母鸡和粮食……反正你肯定明白那个意思了。

国王统治，领主和骑士打仗，而农民得干活儿。当农民真是不走运。

乔什试着解释他们到底是什么人……

不过农民不相信他说的。

更糟的事情还在后头。

对于乔什来说，下一步要做什么很明确——赶紧找到离他们最近的城堡！可是，要到城堡去，得走上整整一天的路，宾克顿家的孩子们得等到第二天早上才能出发。

幸运的是，一个名叫沃尔特的农民心肠很好，邀请他们和自己的家人一起过夜。不过，在那之前，他们得给自己挣口饭吃。

农民的生活

如果你想要体验轻松愉快的生活，就千万不要做农民。

在中世纪务农，就意味着无休无止的辛劳工作。这是为什么呢？一方面是因为，除了几头为数不多的牛可以拉犁之外，犁地的活儿主要是人干的；另一方面是因为当时没有什么肥料，所以很难有个好收成。

农民的生计非常艰难，而且你可别以为小孩子就能过得轻松一些。在一个典型的农民家庭里，每个人都需要干活儿。田地里的重活儿主要由男人负责，但是妇女和孩子也需要在地里帮忙。在播种的时节，女人要用木槌砸开田地里的硬土块，而孩子负责把鸟儿从刚刚播过种的地方赶走。女性农民的工作还包括烹饪、纺线、织布、缝纫、照料菜园和家畜。农民家的孩子也有自己的家务要做，比如放羊和打水，他们有充足的时间干活儿（不上学）。

农民必须种下足够的庄稼——比如小麦、大麦、燕麦、黑麦和豆子——这不仅是为了喂饱他们自己和家人，也是所有人依赖的口粮。

宾克顿家的孩子们干了一天活儿，辛苦得像马一样，或者说辛苦得像狗一样，再或者说，就像农民一样。这一天终于结束后，他们跟着沃尔特回了家，发现沃尔特的房子很小，非常非常小。

我快要憋不住啦！厕所在哪儿？

农民的住所

绝大多数农民的房子都是用编条和粗灰泥建成的（把树枝编在一起，再在上面覆盖一层干草与泥巴的混合物）。他们的地板是泥土地，屋顶往往铺着茅草或者干草。房子的窗户上装的不是玻璃，而是不透光的遮板。

贫穷的农民的住宅可能只有一个房间。这个房间同时是起居室、卧室和厨房。没必要费心找厕所啦，根本就没有这种东西。在没有自来水的时代，洗个澡需要做很多准备工作，所以大多数农民都不能经常洗澡。你如果想上厕所，就得到房子外面去。你应该会找到其他人挖好的坑或者沟，可以当厕所用。如果没有，就只能找一丛灌木，在它后面方便了。不过，千万留神——如果要找灌木丛，务必找距离房子至少"一箭地"（一支箭的射程，大约有一百三十步）的地方。

有时候，农民会有一些特殊的"室友"——耕牛或者奶牛这样的大牲口也会住在房子里。在寒冷的冬夜，这些动物可以让房子和住在里面的农民暖和一些。你也可能会发现一些小动物，比如住在草屋顶里的耗子。别担心，它们不会经常掉到下面的人身上。

宾克顿家的孩子们努力在餐桌边表现得礼貌一些，虽然晚餐只有一片面包和一碗糊糊状的东西。

农民的饮食

农民吃些什么呢？他们可做不到想吃什么就吃什么——尤其是在年景不好的时候。农民的主食往往是粗糙的黑面包以及所谓的"浓汤"：一种用蔬菜和干豆子炖成的菜汤。运气好的话，农民可能吃得上奶酪和鸡蛋，有时还会有肉。运气不好的话——尤其是赶上庄稼歉收——他们就只好饿着肚子睡觉了。

农民的饮料包括水、苹果酒和麦酒（啤酒的一种），最主要的当然还是水。

天一黑，沃尔特一家就上床睡觉了。宾克顿家的孩子们到了这时候才发现，沃尔特家的床铺好像小了一些。

衣服好痒。

痒的不是衣服，莉比，衣服可不会咬人！

你可别想上来！床上已经够满了。

农民的家具

农民一般来说不会有很多家具，只有一张桌子、一条长凳、几个小凳子、一两个木头箱子，以及一张睡觉用的干草垫子。在找台灯吗？还是算了吧。对于大多数农民来说，连蜡烛都是很贵重的东西。所以，一旦天色转暗，就到他们上床睡觉的时间了。

至于床铺呢，不幸的是，这个词往往意味着虱子和跳蚤。这两种害虫在中世纪特别常见，而且几乎没有摆脱它们的办法。不管是穷人还是富人，几乎人人身上都被叮得痒个不停。你只能尽量去习惯这一点。

如果你觉得七个人挤在一张床上，不停地挨着虱子和跳蚤的咬，这样也能很快睡着的话，那你最好再想想。这一晚可漫长了。

第二天早晨，起床之后，孩子们惊讶地发现村子里开了集市。他们原本打算一大早就出发去城堡，不过都抵御不了派对的诱惑。

16

"圣日"与集市日

"圣日",或者说宗教节日,是人们放下手中的工作前往教堂的日子,通常是为了纪念圣徒。去过教堂后,人们会在这一天好好儿放松一下。中世纪的农民非常喜欢各种庆典,毕竟生活那么艰辛,爱玩一点儿也不能怪他们吧?

有时,在宗教节日里会举办集市和庆典。如果你有东西要卖,这时候机会就来了。这种日子也是观看表演的好机会——杂技演员、音乐家、驯兽人、杂耍艺人和木偶戏演员等巡回艺人都会在集市上演出。你还可以参加游戏和竞赛,或者看别人比赛。假如你不在意神父凶巴巴地瞪着你看的话,你甚至可以在教堂广场上跳舞或者玩摔跤。

说起神父,他们可是中世纪的重要人物。这个时代几乎所有人都是基督徒,教会有着巨大的权力,同时积蓄了庞大的财富。农民不管生产了什么,都必须把其中的十分之一上交给教会,这就是所谓的"什一税"。

另外,在到处逛的时候,你可能会看到一种有些糟糕的游戏:人们赶着一群恶犬去咬一只被拴着的熊。这就是所谓的"纵狗斗熊"游戏。最好离它远点儿!

对于宾克顿家的孩子们来说，事情好像越来越顺利了，他们玩得很开心……直到乔什的话变得多了起来。

人们纷纷围到乔什的身边，其中有个留着红色大胡子、神情诡秘的怪人鬼鬼祟祟地混在人群中。不巧的是，只有莉比留意到了他。

地球是围着太阳转的。

有"电力"这么一种东西，你打开一个开关，灯就亮了。

疾病是叫作"细菌"的微生物导致的。

你不会是疯了吧，小子？

多有想象力呀！

当时的人们都相信些什么

在中世纪，关于这个世界以及它的运行方式，人们有一些很有意思的看法：

· 地球是宇宙的中心，太阳和星星都围着它旋转。

· 疾病是由不新鲜的空气引起的。

· 放血（划开血管让血液流出来）是治疗疾病的方法之一，还有一种办法是在病人身上放一些吸血的水蛭。

· 异国他乡栖息着许多奇特的生物——独眼巨人、长着狗头的人和身子是马的人，等等。

中世纪人的着装

你可以通过人们的着装来判断他们所属的社会阶层。

农民的服装使用的布料往往是自家纺织的亚麻布或者毛料，质地粗糙。妇女通常穿着宽松的长袍，男性则会在被称为"衬裤"的短内裤外面罩上一件所谓的"束腰外衣"（一种长度到膝盖的上衣）。此外，不论男女都会穿着羊毛织成的裤袜，还要在衣服外面系上腰带。农民拥有的衣服很少，他们会年复一年地穿着同样的衣服。如果得从纺线、织布开始亲手给自己做衣服，那你也会这么干的。

和农民相比，贵族的服装就要精细华丽多了，颜色也更为丰富鲜艳。贵族男女会用别针和链子来固定他们的束腰外衣，天气变冷时会在外面罩一件斗篷。贵族服饰使用的衣料一般是羊毛、丝绸或亚麻，衣服上往往有毛皮镶边，或者点缀着珠宝。这些服装十分贵重，所以，和农民的衣服一样，它们也会年复一年地被使用。这些衣服甚至会在主人去世后被送给亲戚继承呢！

能够被邀请去城堡，乔什激动极了。三个孩子立刻踏上了旅程。

走到森林边缘的时候，他们还能遇见几个来捡柴火的农民。可是，他们在森林里走得越远，周围就变得越暗，也越来越安静。

突然传来一声巨响！两个农民从森林里跌跌撞撞地狂奔出来，身上带着他们偷猎来的动物。

跟在逃跑的农民们后面，来了一位骑着马的年轻女士。

你们就是那些偷猎者吗？

不是啊，夫人，我们都好几天没吃上鸡蛋了。

乔什，她说的是偷猎者，不是煮蛋锅！

乔什向女士打听去城堡的路，意外地发现她就住在那里！原来这位女士是理查德爵士的妻子玛格丽特，她是到森林里来打猎的。

我能看看你的宠物小鸟吗？

搞明白去城堡的方向后，宾克顿家的孩子们再次上路了。他们走啊……走啊……走了很久。更糟糕的是，天上居然开始下雨了。

他们应该管这个时代叫"泥中世纪"。

我打赌兰斯洛特爵士就不会遇上这种事。

中世纪的森林

森林是属于国王和领主的，只有他们才可以在其中打猎。他们会使用猎犬围猎野猪和鹿，不过最受欢迎的打猎方式是鹰猎——使用接受过训练的猎鹰去猎杀小型鸟类。训练有素的优质猎鹰非常珍贵，深受主人宠爱，贵族会随时把它架在自己的手腕上，甚至连进餐和去教堂也要带着心爱的猎鹰。

在特定的时间里，农民会被允许进入森林，采集柴火和喂猪的橡子，但是仅在某些大家都知道是谁的大人物许可的前提下。

不经许可在林中狩猎就是所谓的偷猎。各位读者可千万不要冒险尝试！偷猎者可能面对的惩罚包括监禁、挖掉一只眼睛或者剁掉一只手，甚至还有死刑。

中世纪的城堡

欢迎你来到在旅途中遇到的第一座城堡！那么，城堡有什么好处呢？

首先，城堡是保护领主免受外敌伤害的堡垒。城堡通常修建在岛屿上或者河流的交汇处，最佳的选址点则是地势较高、地形陡峭、易守难攻的地方。

城堡必备的要素包括：

·6米以上厚度的石墙。

·一条有水的护城河（或者壕沟），用于抵御外敌入侵。

·一座敌人来犯时可以拉起来的吊桥。

·一座卫兵站岗用的门楼。

·卫兵可以当瞭望塔使用的高塔。

其次，城堡是领主一家的住宅，这里也住着领主家的仆人、士兵和宾客。一座城堡里可能相当拥挤地生活着好几百人，不管是吃喝拉撒，还是行动坐卧，人与人之间的距离都相当近。什么？隐私？这可是中世纪，还是别想了！

最后，城堡是一片地区的总指挥中心。所有和领地上的人与事相关的业务都会在城堡中处理，有时罪犯会被押送到城堡里接受审判。重要的档案与文献都被存放在城堡中。假如战争爆发，城堡周边村庄的居民也会来到城堡里寻求庇护。

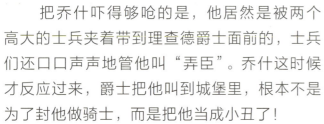

把乔什吓得够呛的是，他居然是被两个高大的士兵夹着带到理查德爵士面前的，士兵们还口口声声地管他叫"弄臣"。乔什这时候才反应过来，爵士把他叫到城堡里，根本不是为了封他做骑士，而是把他当成小丑了！

领主大人，弄臣带到了。

很好！小子，让我们开心一下吧！

大厅

城堡中最重要的房间就是所谓的"大厅"。领主在这里接待宾客，处理领地上的相关事务，城堡里的人们也会在这里进餐。有些人甚至连睡觉都在大厅里。

城堡里的娱乐

生活在城堡里的人们喜爱各种娱乐。这里不仅有吟游诗人演唱长篇叙事歌曲，还有乐师、杂耍艺人和演员轮番献艺。

如果你想要开怀大笑一场，也有身穿花哨服装的小丑（也叫弄臣或者丑角）讲些粗俗可笑的故事和笑话。有时丑角会挥舞一个装满了干豆子的猪膀胱，如果你看见某个弄臣这么干的话，还是假装觉得这很好笑比较好。

城堡里的游戏

象棋、跳棋和双陆棋这样的棋盘游戏在中世纪非常受欢迎。如果你想玩一局《地产大亨》，那还得等上几个世纪才行。

这个世界上有很多恐怖的事情，其中最恐怖的莫过于当着一大帮希望你能逗笑他们的人讲笑话。乔什已经尽力了……

呃……你要怎么判断有没有大象钻到你的冰箱里呢？

冰箱？

看看冰箱里的人造黄油上有没有脚印呀！

人造黄油是什么？

灯泡男孩会对灯泡女孩说什么呢？

咱们俩凑一对吧。

?

在那意大利面条上，满是奶酪哟……

不过他的表演不怎么成功。

一点儿都不好玩！

他怎么没带猪膀胱？

乔什原本以为自己和姐妹俩会被扔进地牢，然而，凑巧的是，这时候城堡的厨房里刚好缺人手。

你说过我能当公主。

那边那个人究竟是谁？

城堡的厨房

素食主义者应该不会想走进城堡的厨房，因为这里的拿手菜是各种穿在烤叉上、用明火烤制的大块肉类——牛肉、猪肉、羊肉以及各类野味。为了保证这些肉烤得均匀，必须得有一个帮厨（仆人男孩）时刻旋转烤肉的叉子。这份工作又苦又累，还特别热，所以千万不要自告奋勇来干这个。

火塘上挂着的大铁锅里煮着炖菜和热汤。如果你打算试试烤面包，不妨从在炉子里生火开始。先等木柴烧成不带明火的炭，再把炉灰都掏出去，最后把生面团送进炉子里。木炭燃烧的余温就能把面包烤熟了。

因为厨房里用火的地方很多，所以发生火灾的隐患非常大。因此，城堡的厨房往往设在庭院中一座独立的建筑里，离城堡的主楼很远。

第二天，理查德爵士与玛格丽特夫人招待了一些重要的宾客，三个孩子得以一瞥城堡宴会的盛况。

嗯……可以吃的盘子。

孔雀？海鸥？你们真的吃这种东西？

城堡中的一餐

到了用餐时间，大厅中就会摆起一张张长桌。领主则在一个高一些的平台上拥有自己的餐桌——以免有人搞不清楚这里谁是老大。

领主都吃些什么呢？花样可多啦！他的家人和朋友都吃得一样好，而宴会上的餐点更是丰盛。

贵族的菜单上有很多肉食，比如鹿肉、猪肉、兔肉和羊肉，上桌前还会浇上加了很多香料的浓厚酱汁。他们很喜欢吃鱼，各种鸟类也非常受欢迎——不仅有鸡、鸭、鹅这样的家禽，还有一些"珍禽"，比如孔雀、秃鹰、乌鸫、天鹅和海鸥。领主的餐桌上还经常出现布丁、奶酪、坚果和干果。至于蔬菜？那就不怎么重要了。

中世纪的餐桌礼仪有一些……不寻常。这时候的人们不怎么用叉子，所以你只能用餐刀和手指凑合一下了。（大多数人都会随身携带一把小刀，平时插在鞘里挂在腰上。）碗和杯子是公用的——当然，领主的除外。餐盘则是大片干硬的陈面包。

你可以随便把吃不掉的东西扔给狗吃，毕竟它们就是来吃剩饭的。

在城堡里睡觉并不比在农民的茅草屋里过夜舒服多少。艾玛几乎没睡，她忙着要把手里的旅游指南看完——这样才能回到她自己的生活！

这里也有跳蚤？

我愿拿一条胳膊换个手电筒。

在城堡中过夜

领主和他的家眷拥有自己的卧室，卧室里有带华丽幔帐的大床。城堡里可能还有其他几间比较私密的卧室。

不过，绝大多数仆人基本上是随便找个能躺的地方就睡——有些人睡在草垫子上，有些人睡在长凳或者箱子上，还有些人可能直接睡在随便铺在地板上的干草里。有些地方会格外拥挤，比如炉火边。不过，往好的方面想，挤成一团至少暖和一些。中世纪的城堡实在是又湿又冷，还会从四面漏进冷飕飕的风。

这会是真的吗？那个红胡子的家伙难道真的打算偷走旅游指南？那可有点儿吓人，因为旅游指南是唯一能帮助宾克顿家的孩子们回家的东西。这也让艾玛意识到，他们以后必须更加小心。

读写与书本

绝大多数中世纪人都不识字，反正当时也没有多少书本。那时候，中国人发明的造纸术还没有在欧洲广泛使用，所以他们只能用风干的绵羊皮或者小牛皮（称作羊皮纸和牛皮纸）当纸张。那时候也还没有发明印刷术，所以书本只能由人拿着鹅毛笔手工抄写，一次只能抄写一本。抄写完成后，这些手抄书本会被精心装饰，甚至会用上真金和白银。

这么说你明白了吗？书籍在这个时代非常贵重，有些书本甚至被人用铁链锁在图书馆的柜子里。所以，如果你随身带着书，那千万得把它保管好！

旅游指南的事不是孩子们唯一的问题。拔鸡毛的活儿把艾玛烦得够呛，乔什距离当骑士的目标也差得很远，但他们最大的麻烦是莉比。宾克顿家的小妹妹总是到处乱跑，就好像她能同时在好几个地方出现似的！乔什和艾玛为了找她简直忙疯了。

不过，莉比交上了一个非常重要的朋友——玛格丽特夫人。当理查德爵士出门去朝见国王的时候，莉比和夫人成了好朋友。

城堡内部

如果有机会，你一定得把城堡里的每个地方都参观一下。这趟旅程最好从城堡的堡场（城堡外墙以内的庭院）开始。这片区域有时甚至会像小型城镇一样拥挤忙碌，有些城堡里有不止一个堡场。你在这里应该可以找到：

1. 谷仓；2. 厨房；
3. 犬舍；4. 洗衣房；
5. 菜园；6. 提供淡水的水井；
7. 作坊（铁匠、木匠和其他手工艺人都在这里工作）；
8. 马厩。

参观过堡场后，城堡的主堡部分也不容错过。万一遭遇攻击，这座堡垒就是最后一个可以撤入的地点。这里通常也是领主一家的住宅。在这里，你应该留意以下地点：

9. 主屋（领主及其家眷的私人房间）；

10. 私室（厕所）；

11. 大厅（有时大厅会设置在另一座单独的建筑里）；

12. 给卫兵用的守卫室；

13. 小礼拜堂；

14. 储存食物和武器的储藏室；

15. 关押囚犯的地牢。

理查德爵士离开后的第二天，乔什终于碰上了好运气，他的岗位从厨房调动到了马厩。

去马厩？那里有马！有马就有骑士！

恐怕我还没当上骑士，就进入人生的中世纪了。

马厩里的工作又脏又臭，不过至少乔什见到了一些骑士。他也看见了不少和自己差不多大的骑士扈从，还有一些年纪更小的侍童。

骑士学校！这样才像话嘛。

乔什到处看了看，找到了一些特别老旧的盔甲以及一匹没准儿比盔甲还要老的马。鬼知道他花了多长时间才披挂整齐，在那之后他还得给马穿上装备！

不，千万别在意那么多，你看起来棒极了。

他终于准备好啦——来见见乔什爵士！

退后！我可厉害了！

骑士与他们的行为守则

没看到骑士的话，怎么称得上来中世纪玩了一趟呢？

骑士是骑乘马匹的武装士兵。他们依照一套不成文的规矩行事，那就是所谓的骑士守则。理论上讲，骑士应该忠诚、勇敢、和善、慷慨、诚实、谦虚、温和、守信、心地慈悲、行为有礼并且勇于保护贫穷弱小的人。不幸的是，骑士并不总是遵守这些规则，有些骑士劫掠成性，有些骑士杀人不眨眼——哪怕被杀的是一些无辜人士。

如何像骑士一样着装

放轻松，穿上盔甲后并没有看起来那么不舒服。当然，它的确很重，不过穿着盔甲依然可以活动自如。盔甲关节的连接方式也非常精巧，并不会影响各种动作。

让我们从"腿甲"开始吧，那是用锁子甲做成的长筒袜，包括脚上的部分。（所

谓的锁子甲，就是用彼此相连的铁环编成的铠甲。）穿好后，上身要先穿一件"棉甲"（带衬垫的布制软甲），再罩上最主要的那件锁子甲衫，手上也有锁子甲编成的手套。在锁子甲衫外面还得穿一件遮风挡雨的无袖外袍。对了，不要忘记戴头盔！

穿好以后感觉很热吗？那你最好躲着点儿太阳。穿着全套盔甲的骑士死于心脏病突发这种事不是没发生过。

如何成为一名骑士

你确定想这么干吗?

最简单的方法是在一个骑士家庭里作为儿子出生。然后,等你到了七岁,就离开自己的家到另一个贵族家庭里去做侍童。在接下来的七年里,你要学习战斗、骑马以及狩猎的技巧。你同时需要替女士们跑腿做杂活儿,并且在餐桌旁侍候。在受训期间,城堡里的神父也有可能会教你一点儿读写和算数。

到了十四岁左右,你就能升格为骑士扈从了。这意味着你可以追随某一位骑士,替他保养盔甲,照管他的装备与马匹,在战斗开始前帮助他做好准备。在这个阶段,你会学到更多战斗、骑马与狩猎的技巧,你会学习跑步、射箭、摔跤、击剑以及骑着马把长矛刺向枪靶(所谓的枪靶,就是一个能旋转的木头假人)。小提示:最好一口气笔直地刺向枪靶,不然你很可能被靶子上旋转起来的配重打个正着。在战斗之外,你也会学习如何切肉、下棋以及跳舞。

等你终于到了二十岁,在举行过以下仪式后,你就可以正式成为一名骑士了:在彻底清洁身体并祈祷后,你要换上一身全新的衣服,跪在你的领主面前,把双手交到领主手中,向他宣誓忠诚。领主会用自己的剑在你的肩膀上拍打一下,正式封你为骑士,并且为你颁发佩剑与马刺。

另外,要想成为骑士,就必须经过多年的训练,并没有什么捷径。所以,最好别打歪主意了!

在尝试了八到十次后，乔什的表现变得……

驾——

更差了。

啊啊啊啊！

这让人非常泄气。

没戏啦！我不可能当骑士了。

乔什摇摇晃晃地站起来，原本以为自己会被怒气冲冲的大块头骑士拖出去，却惊奇地发现身边一个人也没有了。

大家都跑到哪里去了？

原来，城堡里绝大多数居民都聚到正门附近，纷纷凝视着眼前奇怪的景象。许多惊慌失措的农民急急忙忙地跑进城堡，高喊着一个可怕的消息——城堡即将受到攻击。

来的是理查德爵士的宿敌，夫人，沃尔芬斯托的威廉爵士！

他带来了一支大军！

因为理查德爵士不在，玛格丽特夫人迅速地做出了安排，她把城堡里所有战士召集起来，给他们分派了防御城堡的任务。

战争中的城堡

城堡遭遇袭击，而你被困在里面了？千万不要慌。别忘了，城堡本来就是为保护里面的人而设计的。具体来说是这样的：

1. 城墙上的步道很宽，足够卫兵在上面行走和与敌人战斗。

2. 城墙上探出来的堞口（城墙上用于防御的部分）留有洞口，可以用来向墙下投掷石块和倾倒滚烫的液体。

3. 遭遇危险时，铁制的闸门会被降下来抵御敌人。

4. 门楼里也有可以用来泼洒热油、沸水或者投掷石块的洞口。

5. 万一外部城墙被攻破，城堡的主堡就是守城者最后一道可以防御的堡垒。

6. 城墙上的箭孔是一种特殊的窗口，它外部狭长，内部却比较宽敞，这让城堡里的人可以向外射箭，外面的箭矢却不能射进来。

7. 城墙上有锯齿形的城垛，士兵们作战时可以把它们当作掩体。

8. 高高的塔楼是弓箭手绝佳的射击地点。

在城堡的后方还有一道被称为"太平门"的小门，士兵可以从这里偷偷溜出去，从外部打击攻城的敌人。

宾克顿家的孩子们紧张地看着威廉爵士的军队包围了城堡。让他们更紧张的是，在接下来的几天里，威廉爵士的军队不断地尝试着打开一条进入城堡的路。

嗯……这是什么稀奇古怪的书？

如何攻击一座城堡

· 试着用攻城锤撞开城堡的正门。

友情提示：先检查一下护城河上的吊桥是不是拉起来了，如果是的话，那么重中之重就是在开始撞门前用木头和泥土把护城河填上。

· 使用云梯来攀爬城墙，或者把攻城塔（带轮子的木塔）推到城墙旁边，从攻城塔里爬到城墙上去。当然，开始之前也得先确认护城河是不是填好了。

（参考上一条）

· 往城墙里扔点儿能给敌人找麻烦的东西，大块的石头和点了火的箭矢都不错，不过最好的还是腐烂的动物尸体。

· 挖一条地道，然后在城墙下面生火。如果你运气好，火焰会毁坏城墙的地基，从而导致城墙垮塌。

· 如果所有手段都不管用，就试试乔装改扮混进去吧。穿上农夫或者女人的衣服——当然，也可以两种都穿——再带上一些礼物。

让我们进去吧，我们是农民，给你们带吃的来了。

得了吧！我还是罗马教皇呢！

如何防守一座城堡

·在开始其他工作之前，首先把吊桥拉起来！如果敌人试图把城堡的大门撞开，就居高临下地向他们头上扔东西，比如燃烧着的火盆、大石块、沥青或者沸水——总之，手头什么方便就扔什么。

·活用城堡的塔楼和城垛做掩护，同时向城下的敌人发射箭矢和投掷石头。

·用带叉头的长棍把搭到城墙上的云梯推下去，如果你发现木制的攻城塔正在接近，请立刻用燃烧箭向它射击。

·小心敌人挖地道。在城墙上放几个装满了水或者铅制小珠的盆子，如果盆里的水或者珠子开始颤动，就说明这段城墙下面有敌人在挖洞了。

·留神乔装改扮的敌人！不要随便相信陌生人！

眼前的战况让宾克顿家的孩子们震惊极了——最震惊的是乔什。这些骑士打起仗来和他想象的完全不一样，既没那么高贵优雅，也没表现出什么骑士精神。

那些家伙往咱们头上扔死奶牛！

咱们这边也在往别人脑袋上泼热水呢！

满天乱飞的燃烧箭和被人扔上来的死奶牛终于渐渐消失了。松了一口气的孩子们高兴极了——直到他们发现攻击城堡的人什么都不做也能取胜。威廉爵士的军队把城堡围了起来，城里的人出不去，城外的粮食也运不进来。

他们包围了我们。一旦我们的粮食耗尽，就不得不吃野草和老鼠充饥了。

吃老鼠？

还有野草？

真是受不了了！宾克顿家的孩子们在中世纪已经把想看的都看完了。

那么，旅游指南在哪里？在城堡被攻击的时候，精神高度紧张的孩子们根本来不及想这回事。现在他们突然想起了那个红胡子的怪人。

这下糟了！那个怪人带着旅游指南跑了！可是，没有这本书的话，他们三个就回不了家了。现在只有一件事可做——开始惊慌失措吧！

幸运的是，宾克顿家的孩子可不会轻易放弃，坐着等饿死。艾玛想到了一个既能夺回旅游指南又能解救城堡的好办法。但是，她的计划需要一个不害怕真刀真枪、既灵活又迅速的人来实施，换句话说，得找个身披铁甲的骑士！

你怎么就不听我解释呢，我在骑士学校的成绩都及不了格呀！

这个怎么样？像不像威廉爵士的纹章？

乔什准备就绪后，艾玛让他从太平门溜出去——直奔敌人阵地的中心！果然，几秒钟之内，他就引起了敌营所有人的注意。

您一定是……呃，沃尔芬斯托的威廉爵士，对吧？

救命啊！

趁乔什吸引了威廉爵士和他的手下们的注意，艾玛和莉比偷偷地溜到敌人的补给车队旁边。

艾玛的计划成功啦！不过，她和莉比接下来就得忙着逃命了！

姑娘们把敌人的军营搅得一阵大乱。乔什的机会来了！他找到了那个红胡子怪人……

冲呀！！！

一把抓住旅游指南……

最后一路狂奔回到城堡里。

快让路！

45

宾克顿家的孩子们急着要去见爸爸妈妈，甚至没有好好儿跟老板道别。

欢迎你们随便哪个古时候再过来！

艾玛发誓再也不会接近那家旅行社了。

他说"随便哪个古时候"！艾玛，你听懂了吗？

反正我不去！我永远不去了！

永远？哎呀，永远可是很长一段时间。哪怕对于时光旅行者来说，也是很长一段时间呢！

中世纪

事实还是虚构？

看完了这本《如果你去中世纪》，你是不是感觉里面讲的事情非常难以置信呢？

宾克顿家的孩子们是虚构的，他们的经历也不过是个故事，但《朱利安·佩蒂格鲁的独家旅游指南——中世纪》里对当时人的生活方式的介绍是以史实为依据的。

更多有关中世纪的信息

你可能会问，既然这个时代名叫中世纪，那么它到底在什么东西的中间呢？这真是个好问题！中世纪这个称呼指代的是大约公元500年到公元1500年之间一千年左右的一个时段。这个时段之所以被称为"中"世纪，是因为它处在"古典时代"与更靠近"近代"的时期之间。"古典时代"是对古希腊和古罗马时代的统称。欧洲的"近代"则开启于公元1500年后，那时的欧洲重新燃起了对学习和艺术的强烈兴趣，国家变得更大，贸易与探险也蓬勃发展。英语也用"中世纪的"（medieval）这个单词来描述中世纪的人、物以及思想，这个单词的来源是拉丁语的"中世纪"——medium aevum。

宾克顿家的孩子们冒险的舞台是12或13世纪的中世纪盛期。这一时代是兴建城堡与骑士文化的巅峰时期。此时枪支和大炮都没有被应用于战争，所以城堡自然是面对外敌进攻时最有效的防御工事。另一种有效的防御手段是拥有一支由全副武装的骑马士兵组成的战斗力量——换句话说就是拥有骑士。当然，住在城堡里的领主和骑士也是要吃饭的。就像三个孩子在故事里体验到的一样，生产食物、干所有苦活儿累活儿的人只有在农田里辛勤劳动的农民。农民、骑士和领主依靠责任与忠诚关系彼此紧密相连，在相当长的一段时间里，这种联系维持着"封建社会"的存在，保障着人们的生活。

另一个把中世纪的人联系在一起的因素是宗教信仰。在中世纪的欧洲，几乎所有人都是罗马天主教信徒。宗教信仰让人们更容易接受自己的地位与境遇，因为他们可以期待死后获得现世未能享受到的幸福。

但是变化即将到来。新兴的城市正在逐渐成长为贸易中心，其中诞生了由商人和工匠组成的中产阶级。中世纪晚期，饥荒和疾病（黑死病）将把上百万人口从欧洲抹去。许多幸存的农民会进入城市工作，让城市进一步发展壮大。诸如火炮之类的新武器会让城堡作为防御工事的重要性不断减弱。随着印刷术的发明，越来越多的普通人有了学习读书写字的机会。

于是，中世纪结束了……就像你手里的这本书一样。祝你一路顺风，旅途愉快，也祝愿你度过的每一段时光都是好时光！

图书在版编目（CIP）数据

如果你去中世纪 /（加）琳达·贝利著；（加）比尔·
斯莱文绘；夏高娃译. —北京：北京联合出版公司，
2022.1
（让孩子爱上古文明）

ISBN 978-7-5596-5630-8

Ⅰ. ①如… Ⅱ. ①琳… ②比… ③夏… Ⅲ. ①世界史
－中世纪史－少儿读物 Ⅳ. ①K13-49

中国版本图书馆CIP数据核字（2021）第210006号

北京市版权局著作权合同登记号：01-2019-6222号

让孩子爱上古文明：如果你去中世纪

作　　者：[加]琳达·贝利		绘　　者：[加]比尔·斯莱文	
译　　者：夏高娃		版权支持：张　婧	
出 品 人：赵红仕		出版监制：辛海峰　陈　江	
责任编辑：郭佳佳		特约编辑：王周林	
产品经理：魏　俤		装帧设计：人马艺术设计·储平	

北京联合出版公司出版
（北京市西城区德外大街83号楼9层　100088）
北京联合天畅文化传播公司发行
天津光之彩印刷有限公司印刷　新华书店经销
字数 100千字　889mm×1194mm　1/16　印张 15.5
2022年1月第1版　2022年1月第1次印刷
ISBN 978-7-5596-5630-8
定价：168.00元（全5册）

献给我的女儿苔丝·格兰杰，她像我一样热爱旅行和冒险。

——琳达·贝利

献给泰德和苏，感谢他们在童年时代陪着我身穿纸板盔甲拿着木剑打闹。

——比尔·斯莱文

致　谢

感谢不列颠哥伦比亚艺术委员会对我写作的支持。

感谢西蒙弗雷泽大学的保罗·达顿博士和美国哥伦比亚大学的理查德·乌格尔博士，他们抽出宝贵的时间审阅了本书的初稿。

让孩子爱上古文明

GOOD TIMES TRAVEL AGENCY: ADVENTURES IN THE ICE AGE

如果你去冰河世纪

·看漫画·学历史·

Linda Bailey　　Bill Slavin

[加]琳达·贝利 著　[加]比尔·斯莱文 绘　陈雅茜 译

北京联合出版公司
Beijing United Publishing Co.,Ltd.

让孩子爱上古文明

我常常听到一些人抱怨"为什么要学历史啊？这样不是越学越回去了吗？""历史只是靠背诵、记忆而已，没什么好学习的""我以后要往高科技发展，学历史干吗？"之类的话。事实上，学习历史并不单是知道过去发生的事而已，它在思考能力的培养、批判能力的训练，甚至世界观的养成上，都有重要的成效。

唐太宗曾经说过："夫以铜为镜，可以正衣冠；以史为镜，可以知兴替；以人为镜，可以明得失。""鉴往"之所以能够"知来"，关键就在于从有迹可循的历史中归结出可能发生的状况，找出导致的结果，也就是说，鉴往知来正是思考能力的具体表现之一。

在阅读历史事件时，我常鼓励加入一点儿"想象"。如果戊戌变法和日本的明治维新一样成功，那么现在我们的社会会是怎样？如果欧洲没有经历过"黑暗时代"和黑死病肆虐，文艺复兴的百花齐放会产生吗？这些想象或许得不到最终的答案，却是最好的批判思维训练。

当然，学习历史最显著的功用就是养成"世界观"。

穿越历史世界，你可以在任何时间、空间，到任何国家、民族去参与发生过的事件（还有个好处——不必冒着生命的危险）。从历史发展的脉络中，你会发现东西方的观念为什么不同，西亚地区现在仍然紧张的局势是什么原因造成的。在历史中穿梭游览，无形中丰富了我们的人生，国家甚至世界的脉动也都在你的掌握中了！

这套"让孩子爱上古文明"系列看漫画学历史的书，正是小朋友学习历史的敲门砖。在书中，宾克顿家的三个孩子误闯神奇时光旅行社，翻阅旅行社老板佩蒂格鲁的独家旅游指南，进行古文明时光旅行，在惊险有趣的冒险中畅游了中世纪、古埃及、古希腊、古代中国和冰河世纪。

有趣的是，故事的铺陈很有技巧地将历史隐藏其中，对于觉得学习历史太沉重的孩子来说，完全不着历史痕迹。我建议，孩子们在看这一系列童书时，和书中一派轻松的故事情节叙述一样轻松阅读，跟着宾克顿家的孩子们去冒险，去看古埃及人的生活，尝尝汉朝时的面条，参加古代奥林匹克运动会，或是经历一场冰河世纪的探险。

放轻松是最重要的，不必太在意故事情节中虚构的部分（这部分在书的最后均有解释），反正"好玩就好"！

黄永川（台北历史博物馆馆长）

这是今年最热的一天，甚至可能是十年来最热的一天！这种热天呀，简直可以把汉堡肉放在红砖道上煎熟了。

整个早上，宾克顿家的孩子们根本坐不住，乔什、艾玛和他们的小妹莉比只能盯着鞋带尖，看它会不会在艳阳下熔化。中午，三个孩子决定去游泳，可是要去游泳池得先顶着燃烧的太阳走过六条大街。这可真是辛苦的旅程，才走了一半，他们就快热昏了！

这时，他们看到了神奇时光旅行社。虽然曾发誓再也不去这个地方，但他们口干舌燥的，只好勉强进去了。神奇时光旅行社是个可怕的地方，又脏又臭，一副快倒塌的样子，宾克顿家的孩子们知道那里一定有"麻烦"。

可是他们没有别的选择……

你猜里面有没有冷气？

从窗户的破洞跑进去的风算不算？

水……

朱利安·佩蒂格鲁

旅行社里的空气又干又闷，像根老骨头似的。老板朱利安·佩蒂格鲁正在休息，准备吃午餐。

请进！请进！你们刚好赶上吃汉堡。

埃及

5

佩蒂格鲁先生给他们的水温温热热的，就像有人在里面泡了半个小时后的洗澡水一样。

艾玛以为佩蒂格鲁先生会去开冰箱。结果不是，他走到书架边，开始翻找旅游指南。

你是说……冰吗？

噢，不！别拿那些旅游指南啊。

等等，不用了！

冰！

宾克顿家的孩子们本来可以安全离开的……但是，唉！如果莉比是个有礼貌的乖小孩就好了。

大家一阵手忙脚乱后，书本被翻了开来，发出一道奇妙又可怕的光芒，接着……

我要冰！

朱利安　佩蒂格鲁的独家旅游指南

冰河世纪

您的旅程将在本书翻开时开始，在本书读完后结束。

莉比！不要拿！

宾克顿家的孩子们突然被送到了很远很远、很久很久以前的一个不是那么炎热的地方。

嘿！太神奇了。这里真凉快。

凉快就对了，他把我们送到冰河世纪了！

**朱利安·佩蒂格鲁的
独家旅游指南——冰河世纪**

想要一个冰冰凉凉的假期吗？那你来对地方了——两万年前的欧洲。欢迎来到冰河世纪！

地球在数百万年的历程中出现过许多次冰期，冰期之后才是温暖的气候。你现在拜访的是距离当下最近的一次冰期，大约从十万年前开始，直到一万年前结束。

当地球上的气温开始下降时，冰河世纪就开始了，雪大量落下，甚至在夏天也无法完全融化。层层堆叠的雪积压成冰，最后，巨大的冰层覆盖了世界，有些地方的冰层厚度甚至超过三千米。

总之，这时候来拜访欧洲还真是奇怪，以后再来不是更好吗？例如一万年后？但是，既然来了，就好好玩儿吧！

冰河世纪的人类

>——·•·•·——<

想见见人类吗？可能得等一等，因为在冰河世纪的世界里，人类还不是很多。

不过，这里确实有史前人类。别急！你迟早会遇见的。冰河末期的人类是现代智人，也叫作"克罗马农人"。他们至少在十万年前就已经出现在地球上，最早是在非洲，然后扩散到世界各地。现代智人既聪明又有创造力，能适应各种环境，包括严寒的气候。公元前五万年左右，他们已出现在冰河世纪的欧洲。

可惜，你已经错过了尼安德特人。他们的长相和你不太一样，有着倾斜的前额和突出的眉棱骨。

尼安德特人　　　　现代智人

尼安德特人原本和现代智人一起住在这片土地上。但是，公元前三万五千年左右，现代智人逐渐取得优势，尼安德特人消失了。

在尼安德特人之前其实还有其他人科动物（包括人类在内的灵长类哺乳动物），只不过老早就消失了。冰河世纪末期唯一存在的人类就是现代智人。

9

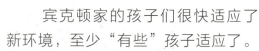

宾克顿家的孩子们很快适应了新环境，至少"有些"孩子适应了。

我从没到过这么凉快的地方！

莉比！不行！还没暖和到可以游泳！

他们孤零零地待在史前时代。嗯……"几乎"是孤零零的……

好大！好多毛！好尖的角！

我的衣服是毛茸茸的没错，可是——啊！

艾玛的心怦怦跳着！她想起电视上的野生动物节目，于是发出一道命令。

不要动！假装自己是一棵树！

我是一棵树，我是一棵树，我是一棵树……

幸好，那头毛茸茸的犀牛很快转移了注意力。

冰河世纪的动物

虽然冰河世纪没有太多人类，但动物到处都是。而且有些动物相当危险，例如披毛犀。千万不要太靠近披毛犀！它们看起来很迟钝，但只是看起来如此。一旦发动攻击，它的速度有如电光石火，而且它的前角锐利得很！在冬天，它就是用这只角铲雪挖掘食物来吃的（可以把它想成全世界的第一把雪铲）。

你能看出披毛犀有两层毛吗？如果看得到，就表示你太靠近了！冰河世纪的许多动物都靠厚重温暖的毛皮御寒，包括野牛、麝牛和猛犸象。

其他动物也要小心，例如穴熊和穴狮。穴狮长得比现在的非洲狮还大，是冰河世纪欧洲最凶猛的肉食性动物。鹿、野牛和马都是它的食物。当然，它也不介意换个口味，吃吃观光客！穴狮的毛色随着季节转换，夏天颜色变深，冬天变浅，和周围环境的颜色类似。

注意：看到穴狮，请快点儿让路（可惜的是，现在的人永远看不到穴狮了）。

等着三个孩子的动物不止犀牛，接着来了一只巨鹿。

那是鹿吗？这里的鹿可真大。

它的角和我的卧室一样宽呢！

动物园吗？

更多冰河世纪的动物

动物！到处都是动物！在冰河世纪，北方大陆上有上千群草食性动物四处游荡。你会喜欢草食性动物的！放轻松，你可以待在它们身边而不必担心自己被吃掉……除非你是一丛草。

驯鹿是常见的动物，原牛（一种大型野牛，是现代牛的祖先）也是。另一种大型草食性动物有着长长的尖角，那就是野牛。巨鹿长得更大，肩高大约两米，光是一对鹿角，重量可能就有四十千克。令人惊讶的是，这时候的马

然后来了一大群野牛。

是动物园吗？

嘘！莉比，是啊！整个地方都是动物园啦！

长得相当矮小。冰河世纪的马大概只有十岁小孩的高度。

你是不是觉得奇怪，怎么会有那么多吃草的动物？很简单，因为这片土地很适合它们，这里几乎没有树挡路，地上又长了许多青草、苔藓和莎草，可供草食性动物嚼食。冰河世纪的欧洲拥有辽阔的大草原，非常适合成群的草食性动物居住。

来一句冰河世纪绕口令："草食动物吵着吃草不吐草。"用最快的速度念五遍。快点儿！再快点儿！

接下来的几个小时，宾克顿家的孩子们在冰河世纪的大地上四处乱逛，逛到迷了路。他们觉得很饿，快要饿扁了。

15

雪之后，风来了……然后是更多更多的雪……

嘿！佩蒂格鲁先生，可以住手了吧！我们已经够凉快了。

但是，还有比天气更可怕的……

这，这实在……太荒谬了！

冰河世纪的气候

你觉得冷吗？

冰河世纪的平均气温比现在低了大约八摄氏度，即使在夏天，最暖也只有十到十五摄氏度。你竟然选择在刚刚入冬时来这里旅行，我想，你大概是疯了吧（希望你带了长袖内衣）！

低温并不是唯一的问题。你感到嗖嗖吹来的冷风了吗？在空旷的草原上没有太多遮蔽，寒风总是凶猛而刺骨地呼啸而过……

唠叨这些你已经知道的事实在没什么意义。你最好快点儿找个遮蔽的地方，如果正在下雪的话就更需要了。想在这种状况中活下来需要三件东西：衣服、遮蔽处以及火。

快点儿行动！

突然，一个可怕的身影从暴风雪中蹦了出来。

宾克顿家的孩子们吓呆了，只能愣在原地看着。

女孩——宾克顿家的孩子们刚看出来那是个女孩——要他们跟着她走。

走过一小段路后（但也够他们冻到骨子里了），
宾克顿家的孩子们走进一个洞穴。

这里是不是少了
东西呀？一堵墙
什么的。

他是开玩笑的啦！
这里很好，真的！

火

快着凉了吗？没关系，生个火吧！

不知道怎么生火吗？没关系，找个现代智人来帮忙。

火的使用可追溯到数十万年前。在冰河世纪，人类的生火技巧已相当不错，比如钻木取火，就是拿木棒在木块上钻动，以摩擦生热的方式产生火。他们也敲击燧石产生火花，让干燥的材料燃烧。

在这样的地方，既没有炉子，也没有电器，所以火非常重要。火不仅

能让你保持温暖，还有其他用途：

· 照明。

· 烹煮和保存食物。

· 驱赶肉食性动物，比如饥饿的穴狮！

· 赶走虫子。

· 把木头烧尖和烧硬，做成工具。

· 把猎物赶到陷阱里。

· 燃烧产生烟，以传送信息。

好好儿保护你的火，对它心存感激，别让它灭了……要不然，你知道的那种饥饿的动物可是会回来的！

这个女孩叫乌拉，她说自己的家其实在很远的地方。她外出采集食物，被暴风雪给困住了，和宾克顿家的三个孩子一样。

这一夜的晚餐非常简单，可是宾克顿家的孩子们没有别的选择。

夜深了，四个孩子静静地躺下来，挤在一起取暖。

为什么我老是分到四凸不平的床？

乔什，到处都凹凸不平。快睡吧！

食 物

在冰河时期，当人们感到肚子饿时，会用以下两种方式找食物：

1. 打猎。

2. 采集。

你必须学习这个时期的人，做一个狩猎者或采食者，才能喂饱自己。

采集食物相当简单……嗯，真的吗？"采集"指的是寻找好吃的叶子、根、果实、种子、核果和菇类。可是，我们怎么知道哪些植物可以吃、哪些有毒呢？

问问这里的人吧！人类尝试了几千年后，已经从错误中学到了哪些植物可吃，也知道哪里的植物长得最好，什么时候采摘最适当。除了采集植物，有时他们也会捡拾贝类、蜗牛和鸟蛋。

如果想吃肉，就得学会打猎。这里的猎人有机会吃到驯鹿、野牛和马肉。可是，像你这样的初学者最好从兔子和松鼠开始。在打猎之前，先问问自己是不是准备好了，因为打猎可是血淋淋的事，有些血还是你自己的呢！

如果附近有水域，可以试着钓鱼，这会容易一些（虽然也不是那么容易）。

明亮的阳光照亮清晨，雪融了。宾克顿家的孩子们吃过树根和果子早餐后，跟着乌拉回家。最后，他们来到一条河边。

你们饿不饿？我有——

哦！我们知道，有树根和果子。

家

需要休息的地方吗？找个舒服的好洞穴吧！你目前的位置在法国南部，是史前人类最喜欢的区域之一。石灰岩峭壁被河水和冰霜侵蚀出一个个洞穴，看起来和蜂巢一样。这里有数百个天然洞穴和遮蔽处，随时等你来住。

下面提供几个选择洞穴的诀窍：洞穴或遮蔽处要朝南，才能照到阳光。洞口外要有突出的岩壁，才能遮雨挡雪；还要有良好的视野，才能及早看到附近的兽群。洞口的大小也要刚刚好。这样就是一个适合居住的地方了。还有，洞穴深处比较黑暗、湿滑，别滑倒了！

快到黄昏时，他们终于到达了乌拉的家。

如果洞穴够大，那么可以隔出客厅、卧室和书房——开玩笑的啦！不过你真的可以用树枝和兽皮做隔间。隔间其实是很棒的点子，这样一来，你睡觉时就不会压到制作工具留下的木屑或石头。

洞穴布置好了吗？放松一下，在洞口附近把火生起来，找一块大石头坐下。就这样，舒服吧？

等一等，如果你所在的地区没有太多洞穴怎么办？冰河世纪欧洲其他地区的人会就地取材，用兽骨或树枝搭建房屋，再覆盖草叶或兽皮，有点儿像搭帐篷。想象一下冷天住帐篷的状况吧！难怪洞穴比较受欢迎。

23

宾克顿家的孩子们努力和其他人做朋友，希望当受欢迎而有用的客人。

哦！你们在清理皮革，需要我帮忙吗？

但这并不容易。

有没有……嗯……血迹比较少的皮呀？

呃！好恶心！快吐了！

衣　服

　　来到冰河世纪的每个访客都需要一套温暖的衣服，包括皮裤、皮衣、皮帽，可能还得加上一件有帽子的皮风衣。至于脚呢，试试毛皮靴或鹿皮软鞋吧！

　　等等！这里没有购物中心，要穿衣服就得自己动手做。接下来教你怎么做衣服。

　　1.找一只有毛但已经死掉的动物（当然，你也可以试试活的动物，但恐怕它不会配合你进行第二个步骤）。

　　2.用磨利的石刀剥下动物的皮。

　　3.把皮刮软，同时把上面的肌肉、油脂和血块刮掉。

　　4.把皮革撑开绷紧，或垂吊着晾干。

　　5.利用烟熏或揉搓的方式软化皮革。

　　6.把皮革裁切成不同形状，拼好，缝起来。先用尖尖的工具或骨针在皮革上戳出洞，再用动物的肌腱把各块皮革拼缝在一起。

　　7.装饰新衣服！贝壳就是不错的装饰品，或是把骨头、石头、象牙磨成珠子，要不然也可以用兽牙或人牙，随便你！

他们围在火堆旁吃晚餐。

哇！烤肉！有芥末酱吗？嗯，就是那种黄黄的，抹在……哦，算了。

食物好吃极了，但不是宾克顿家的孩子们习惯吃的。

驯鹿肉？圣诞老公公知道这件事吗？

没有圣诞老人啦……嗯，反正这时候还没有。

烹 饪

别担心，你不必吃生的东西，至少不必全部吃生食。

即使没有炉子，冰河世纪的人类还是有很多办法可以把肉弄熟。例如烤，或把肉放在烧热的石头上"煎"。要不然就埋到火堆里焖：先挖个洞，沿着洞排上石头，把火生在洞里；等木炭烧红了，把食物放在炭上（记得先把食物包在树叶里），然后盖上泥土；焖一阵子后，再把食物挖出来，就可以享受热乎乎的晚餐了！

你也可以煮水，甚至煮汤或粥。没锅子可用？没关系！再挖个洞，不过这次在洞里铺上兽皮，然后倒水进去，把烧热的石头丢到水里，很快就可以把水煮沸了。这时再加入种子、肉、鱼或植物，就可以煮出一道……嗯，算是粥或汤的食物！食物变冷时，只要再丢进一些烧热的石头就好啦。

这种史前烹饪法最大的好处是什么？不必洗碗！

这天晚上的床比前一夜舒服多了……但也没舒服多少。

毛皮？干草？
这样就算好了？

至少有毛皮和干草。

熬过痛苦的漫漫长夜后，乔什已经受够冰河世纪了。

下一页内容却是个可怕的大"惊喜"。

那本旅游指南呢？
我们快点儿读完，
离开这里吧！

什么？三个任务？不会吧！

我们之前没接过什么任务呀！

你们看！

旅游指南上的任务对宾克顿家的孩子们来说真是一大打击，乔什完全无法接受。

没用的，乔什。

不公平！不公平！不公平！

不过，宾克顿家的人从来不会难过太久。

好了，我没事了。接下来呢？

我们把任务分配一下。我去打猎，你去找"艺术"，还有……

我！我！我呢？

莉比去和巨人做朋友。

好呀！好呀！巨人！

我们得帮帮她。

这可不是闹着玩的！

三个任务

假期过得还好吗？风景好不好？交到新朋友了吗？好极了！

你已经在冰河世纪度过了几天，应该准备迎接新的挑战了。没有什么事比困难的任务更能为旅程带来活力了，除非……困难的任务有三个。

这些就是你在冰河世纪的任务。只要完成所有任务，并把这本指南读完，你就能回家了！

1. 去打猎。
2. 找到"艺术"。
3. 和巨人做朋友。

开始行动吧！祝你幸运（你会需要的）！

任务分配好之后，宾克顿家的孩子们立刻积极行动。但是，打从一开始，他们就知道这些任务并不容易。

这里有人叫"艺术"吗？扁鼻子，这是你的名字吗？不是？大耳朵那个呢？

我叫佐克。

社交生活

◇◆◆◆◇·◆·◇◆◆◆◇

　　冰河世纪的人类多半是和亲属结伴住在一起。

　　群居生活有许多好处。首先，人多会比较安全。例如，当穴狮或穴熊出现时，待在人群中比较容易受到保护。团体行动也比较容易捕猎大型动物，并延续火的燃烧，因为可以派一部分人去捡柴，其他人留下来照顾火堆。在采集狩猎的生活中，分工合作很重要，这样可以增加每个人存活的机会。

　　在每年特定的时候，不同的部落可能会会合，进行大规模的采集活动，或举办特殊的节庆，也可能是大型狩猎行动。如果想找个丈夫或妻子，这种大聚会也是很好的场合（选择更多）。

工 具

　　到冰河世纪旅行就好比去野外露营，但如果你忘了带斧头和瑞士刀，别担心，自己做就行了。

　　冰河世纪的许多工具都是石头做的，但不是每种石头都能用。你得找一块燧石（一种光亮、坚硬的石头，很容易敲成尖锐的薄片），再找一种能够当锤子使用的工具，例如较软的石头或骨头、鹿角。拿着你的"锤子"把燧石敲成薄片……不！不是那样敲……我的天！

　　请别人帮你吧！现代智人能利用一块"核心"燧石敲出许多薄片，再做成各种工具，例如刀、斧、矛头、刮刀等。

　　现代智人也利用兽骨、兽牙、鹿角和木头制作工具，这些材料比较轻，适合做成鱼钩、鱼叉、汤匙、铲子和针。

　　惊讶吗？的确。比起更早的人类，现代智人的确是制作工具的天才。他们的材料更多样，工具更好用，种类也更丰富！

晚上，大家开始演奏音乐——冰河世纪的风格。一开始，宾克顿家的三个小孩实在太沮丧了，根本没心情欣赏。

但接下来，他们发现可以用暗示的方法展开行动。

音乐

来到冰河世纪，你也许希望参加主人的音乐晚会。或许你不习惯他们的乐器，但只要歌声够洪亮，你就根本不会注意到有什么不同。

嗯，好啦，好啦……你还是会注意到。这时的乐器相当简单。试试用驯鹿、熊或鸟的骨头做成笛子：先把骨头内部挖空，然后挖出三至七个指孔。或者，你比较喜欢打击乐器？可以在骨头、石头或贝壳的表面挖些沟槽，然后以木棍在上面滑动，听起来就像拿尺子划过栏杆的声音。你也可以敲打大型兽骨，这样就能发出类似打鼓的声音；或把小石子放进挖空晒干的葫芦里，像铁沙铃那样摇。

试着用洞穴本身来演奏吧。找到岩壁上有褶皱的地方，拿木棍或骨头敲击，就能产生各种奇异的声响。你自己的声音在洞穴里听起来也可能变得有趣。如果这些办法都没成功，就用自己的身体制造声音吧！唱唱歌，拍拍手，或是踩踩脚，发挥自己的想象力！

等到说故事时间，他们又丢出了更多暗示。

在高高的豆茎上方，住着邪恶可怕的巨人！

有这么大哟！

终于，到了这天晚上，当活动快结束时，宾克顿家的孩子们幸运地有了进展。

真的？你会带我们去找"艺术"？

"艺术"？是的，明天去。

豆茎？

语言

在冰河世纪度过辛苦又漫长的一天后能做些什么呢？音乐的确不错，但还有其他的事可做吗？这里没有电视，也没有书本、计算机或桌上游戏。

何不加入火边的人群，说几个故事？最早的人类可能只用简单的声音和手势沟通，但是冰河世纪的现代智人就不同了，他们大概是最早使用语言的人类。

他们为什么会谈天说地呢？和更早的人类相比，现代智人的脑部比较大，想法也比较复杂，这让他们更有话题可聊。另外，他们喉部与口腔的结构和我们的很像，可以发出正确的语音。

所以，找个好位置坐下，享受火堆，加入聊天的行列吧！如果你能说几个好故事，一定会成为热门人物。

隔天，乌拉带着他们前往另一个洞穴。宾克顿家的孩子们非常兴奋，他们终于要去找"艺术"了。

不过，一进到洞穴里面，他们的笑容就消失了。这个洞穴比他们见过的其他洞穴更暗、更恐怖。

最后，他们来到了一个美丽非凡、令人惊奇的地方！

冰河世纪的艺术

欢迎光临世界上最早的艺廊！现代智人之前的人类已经拥有非常简单的艺术，但从来不曾创作过这样的作品。这些壁画甚至有资格摆在法国卢浮宫里呢！

这些冰河世纪的杰作在你出生的三万五千年至一万年前就已经被画在法国南部的岩壁上了。令人惊讶的是，这些壁画通常画在完全不会有人类居住、很难到达的秘密深处。为什么？谁知道呢？

冰河世纪的艺术家都画些什么？绝大多数是动物。马匹、野牛是最常见的主题，鹿、熊、狮子、猛犸象和犀牛也很多。你还可能会见到鱼类、鸟类和蜥蜴，但数量不是很多。人类的画像相当少见，有关人类最清楚的图像是手印，或是手的"模型"（画家把手放在岩壁上，然后在手的周围涂上颜料）。你也可能在岩壁上看到奇怪的Z形或圆形图案。这代表什么？谁知道呢？

这些艺术作品的"画布"是石灰岩

洞穴的岩壁。冰河世纪的画家看到岩壁上的隆起，可能会把它画成动物躯干上突起的部位。洞穴画家也在岩洞顶端的岩壁上作画，有时还会自制简单的梯架，好爬上高处。这些都是在没有手电筒照明的情况下完成的。唯一的光源是火把或油灯（平坦有洞的石头，在洞里放置动物的油脂燃烧照明），在朦胧的光线下会产生奇妙的效果，岩壁上的动物看起来似乎会……移动！

画家把矿物混合在水、动物油脂或唾液中当颜料使用。最常见的颜色包括黑、棕、红、黄与白。至于画笔，他们用的是小块毛皮或动物毛做成的刷子，也可能直接用指头画。结果呢？就像你看到的，十分惊人！

冰河世纪也有雕刻家，他们以兽骨和象牙雕刻成小雕像，可留存数万年之久。

35

艾玛非常着迷！她问了几十个问题，但答案就像洞穴的角落一样不清楚。

一旁的乔什则在思考另外两个任务……

宾克顿家的孩子们又往前跨了一大步。

他们用最快的速度又钻又挤地爬出洞。

他们跑了又跑，跑回乌拉家，再跑去追赶打猎的队伍。三个孩子甚至跟着猎人一起跑……直到看见了猎物。

不会吧！

小马！

他们在猎马……他们会把小马吃掉！

打 猎

你确定要去打猎，看那些血淋淋的场面吗？

现代智人是技巧高超又聪明的猎人。排名第一的猎物是驯鹿，但他们也会捕猎马匹、野牛和其他动物。猎人十分了解动物的足迹、路径、迁徙路线以及觅食场所，这样才有机会捕获猎物。

提示：捕猎大型动物时，最好是团体一起行动。大部分猎物都跑得比人快，所以人类得发挥聪明才智和团队合作的力量。"驱赶"是常用的方法，猎人会大喊大叫，挥动双手，把动物驱赶到没有出口的山谷或泥沼里，甚至赶到悬崖上。另一种方法是在动物会经过的路径上挖洞，再用草和树枝把洞掩盖起来，做成陷阱。

为了捕猎动物，猎人会用石头、兽骨或鹿角做成尖尖的矛头（这种矛比更早的人类的尖棍好用得多）。现代智人还发明了掷矛的工具，使用这种工具，就好像手臂变长了一样，猎人能以更快的速度把矛掷得更远、更有力。

准备好了吗？带着你的矛，一起去打猎吧！

乔什费尽唇舌，想请猎人们再考虑一下……

听我说，我有更好的办法，就是到超级市场去。

但大自然再次决定了一切。

噢！不！

莉比，快点儿！

我想喂马。

雪越下越大，风越吹越冷。但宾克顿家的孩子们至少拥有彼此……是这样的吗？

转眼间，莉比就消失了。

我们得快点儿找到她！

怎么找呀？

大喊大叫！

莉比呢？莉比到哪儿去了？

我的天哪！我们不是受过这种罪了吗？

41

接下来，宾克顿家的孩子们只知道自己被冰河世纪的巨象给包围住了。

哇！

猛犸象

◆▸◆━◆◆◆◆◆◆◆◆◆

　　这就是冰河世纪的巨兽——猛犸象！很不可思议吧！观光客第一眼看到猛犸象时可能会忘了呼吸呢！

　　猛犸象是现代象的亲戚，冰河世纪曾在欧洲、亚洲北部和美洲北部的草原上四处漫游。猛犸象的身高约2.75至3.5米，重量可能有6至7吨。如果你不认识它们（你在开玩笑吗？），那种有

着斜背，背上有突起，而且长着长牙和长毛的动物就是了。

　　以当时的气候来说，长毛当然很有用。猛犸象有两层毛，里面的像厚厚的羊毛，外面的是交织在一起的长毛。猛犸象和现代象一样，也有长长的鼻子，但它们的鼻子和你的不同。它们的鼻子可以用来吃东西、喝水、打招呼，也能扛东西，或是打碎敌人的背！

　　猛犸象弯弯卷卷的象牙一辈子都在

长长，它能帮助猛犸象吃东西、拉扯树皮、挖掘植物或把雪扫开，更是刺穿敌人的武器！

至少你不必担心自己被吃掉。猛犸象是完完全全的素食者，它们大多只吃草，有时也啃树叶、树皮或小枝条，一天可吃下135至180千克的食物，难怪它们大部分时间都在吃东西。

人类也会猎食猛犸象，不过很困难。欧洲各地散落着大量的猛犸象骸骨和象牙，这些兽骨和象牙可当作燃料使用，也能用来制造工具、珠子，甚至拿来盖房子。是真的！冰河世纪的人类会利用手边任何可得到的材料盖房子，包括死掉的猛犸象。

过了一会儿，猛犸象群开始离开。

哇！

灭绝

当你回到自己的时代后——如果回得去的话——就看不到猛犸象了，因为猛犸象和冰河世纪的许多大型哺乳类动物在距今一万两千至一万年前灭绝了。

为什么？没有人知道真正的原因。有的理论认为是因为气候变化。在上一次冰河世纪后，气温渐渐回暖，环境和植物生态跟着改变。草原被森林和沼泽取代，不再那么适合冰河世纪的大型动物。但这个理论有个破绽，因为现在仍有草原，可是草原上没有过去的大型动物。

另一种理论认为，人类大量猎捕猛犸象和其他大型哺乳类动物，使得这些动物无法继续生存。但这个理论的说服力不够，拿矛的猎人真的有办法把散布在广大土地上的众多动物赶尽杀绝吗？

最可能的答案应该是复杂的，气候和猎人都牵涉在内。不幸的是，冰河世纪哺乳类动物的灭绝仍是一团谜。如果你愿意继续研究，未来也许能把答案公之于世。

不必有压力，考虑一下这个选择就可以了，好吗？

宾克顿家的孩子们也准备离开了。

我们快点儿把书读完，回家去。

为什么看起来这么模糊？

不过还有个小问题。

好模糊啊！快看不见了！

噢，天哪！我们会被困在这里的！

嗯，好吧！其实问题有好几个。

快点儿看！

我的鼻毛冻僵了！脚也没有感觉了！我们就要——

死了吗？

告别冰河世纪

想离开冰河世纪吗？也许你已经完成三个任务，觉得是时候离开了。

但别忘了，你还有一项工作得完成，就是把这本指南读完！这件事可能不像你想的那么容易。比如，雪花可能落在书页上融化了，把文字浸得模模糊糊；你的睫毛可能冻成冰，遮住了你的视线；你的手也可能冻僵了，所以拿不住书本。

宾克顿家的孩子们集中每一丝注意力读着越来越模糊的字句。他们能赶在……最后一刻……读完……吗？

也许你该想一想，要不要再待一会儿。毕竟，你还没弄清楚冰河世纪的大型动物为什么会灭绝。如果留下来，你也能回答科学家关于现代智人的其他问题，比如他们的信仰、他们怎么相处以及怎么养育孩子。

你确定不要留下来吗？你能清楚读完这些字吗？

他们能！他们读完了！宾克顿家的孩子们回到旅行社，觉得自己从头到脚都"融化"了！

三个孩子愣了一下，说不出话来……但只是一下。

接着，他们奔出旅行社！

？！

好棒！好棒！好棒哟！

我爱热天！

我爱我的内裤！

他们一边走，一边做了几个冷酷的决定。

我永远不去没有电的地方了！

我永远不去没厕所的地方了！

永远？哎呀，那可是很长一段时间呢！就算对时光旅行者来说，也是很久哦！

冰河世纪

事实还是虚构?

你相信《如果你去冰河世纪》的故事吗?

宾克顿家的孩子们是虚构的,他们的冒险也不过是个故事。不过冰河世纪是真的。当时真的有猛犸象在地球上四处漫游,人类也真的在洞穴的岩壁上作画,还有……这个嘛,如果你真的想知道,就读读《朱利安·佩蒂格鲁的独家旅游指南——冰河世纪》吧!里面的信息都是根据科学家的研究和科学家对现代智人的推论写成的。

更多关于冰河世纪的信息

地球过去曾经有过许多次冰期,本书描写的只是其中一次(十万至一万年前)。当时,地球上许多地方都覆盖着冰层。宾克顿家的孩子们去的地方后来变成了现在的法国。这里拥有丰富的洞穴艺术以及有关冰河世纪人类的其他证据。

有关这段时间和这个地方最有趣的事就是住在这里的现代智人。他们长得和我们很像,而且创意十足。这些冰河世纪的人类发明了新的工具和技术,还创作了惊人的艺术。他们可能会说故事,会演奏乐器,甚至可能已经发展出某种宗教。

"可能"这两个字非常重要,因为书内的现代智人生活在"史前",也就是有文字记载之前的时代。他们不曾留下半个字,告诉我们他们当时的生活。我们只能根据他们留下的东西进行推论,其中之一就是艺术,包括洞穴壁画和雕刻。考古学家也研究他们留下来的其他遗迹和遗物,包括工具、武器、火炉、房屋的架构、猎物的骨头以及现代智人的骸骨。

从发掘出的现代智人骸骨,我们可以知道他们的寿命、身材、脑容量,甚至社交关系和穿着方式(服装本身没办法保存太久,装饰在上面的珠子却可以留下来。根据遗骸上珠子的排列方式,可推测出当时人类的穿着)。

不过,问题还有很多。其中一个有趣的问题是,现代智人为什么要在洞穴里作画?这些画有什么意义?为什么会画在那么偏僻的地方?我们只能猜测,并期待找到更多线索。

科学家一直在寻找有关史前时代的新信息,他们一定很想来一趟时光旅行,回到冰河世纪。不过,他们得找到对的旅行社才行!

图书在版编目（CIP）数据

如果你去冰河世纪 /（加）琳达·贝利著；（加）比尔·斯莱文绘；陈雅茜译. —北京：北京联合出版公司，2022.1

（让孩子爱上古文明）

ISBN 978-7-5596-5630-8

Ⅰ . ①如… Ⅱ . ①琳… ②比… ③陈… Ⅲ . ①远古文化 – 世界 – 少儿读物 Ⅳ . ①K11-49

中国版本图书馆CIP数据核字（2021）第209565号

北京市版权局著作权合同登记号：01-2019-6328号

ADVENTURES IN THE ICE AGE
Originally published in English under the title: Adventures in the Ice Age
Text © 2004 Linda Bailey
Illustrations © 2004 Bill Slavin
Published by permission of Kids Can Press Ltd., Toronto, Ontario, Canada.

让孩子爱上古文明：如果你去冰河世纪

作　　者：[加]琳达·贝利　　　绘　　者：[加]比尔·斯莱文
译　　者：陈雅茜　　　　　　　版权支持：张　婧
出 品 人：赵红仕　　　　　　　出版监制：辛海峰　陈　江
责任编辑：郭佳佳　　　　　　　特约编辑：王周林
产品经理：魏　傩　　　　　　　装帧设计：人马艺术设计·储平

北京联合出版公司出版
（北京市西城区德外大街83号楼9层　100088）
北京联合天畅文化传播公司发行
天津光之彩印刷有限公司印刷　新华书店经销
字数 100千字　889mm×1194mm　1/16　印张 15.5
2022年1月第1版　2022年1月第1次印刷
ISBN 978-7-5596-5630-8
定价：168.00元（全5册）

献给莫里斯。

——琳达·贝利

献给人类历史上第一批艺术家，他们用简单的线条描绘身边的世界，并由此深受感动。

——比尔·斯莱文

致 谢

感谢加拿大文明博物馆的大卫·莫里森博士和皇家安大略博物馆的朱利安·希格斯博士。

他们抽出宝贵的时间为我们提供帮助，并就史实的正确性对本书的初稿进行了审阅。

让孩子爱上古文明

GOOD TIMES TRAVEL AGENCY: ADVENTURES IN ANCIENT EGYPT

如果你去古埃及

·看漫画·学历史·

Linda Bailey   Bill Slavin

[加]琳达·贝利 著 [加]比尔·斯莱文 绘 周思芸 译

北京联合出版公司
Beijing United Publishing Co.,Ltd.

宾克顿双胞胎感到无聊透顶，无聊到可以倒头就睡。

他们的朋友有的去了迪士尼乐园，有的去了落基山脉，还有的去参加水肺潜水俱乐部了，总之，全都出门欢度暑假了。而乔什和艾玛唯一的活动只是在街区绕来绕去……绕来绕去……绕来绕去，更惨的是，还得带着他们好奇心十足的小妹妹莉比一起。

每当他们经过那家神奇时光旅行社时，都会稍微加快脚步，绝不逗留！因为神奇时光旅行社里头黑漆漆的，肮脏污秽，布满灰尘，还结了大蜘蛛网，看起来就让人毛骨悚然。所以，宾克顿家的孩子们总是快步经过。直到有一天，莉比突然跑了进去。

快拦住她，乔什！

莉比，别

当他们闯进去时，老板朱利安·佩蒂格鲁抬起头来看了一眼。他看起来就跟他的店一样怪异。

如果是艾玛，宾克顿家的孩子们不出两秒就能离开这里。但莉比就不一样了，她总是能把事情搞得不可收拾。

哦！我的天哪！已经很久没有客人来了，自从……

1918？
1981？
1819？

我们不是客人，先生。我们只是——

乖，猫咪。

哎哟！莉比！！

艾玛越看这家旅行社，越听朱利安·佩蒂格鲁讲话，就越觉得紧张。

真是本古怪的旧书。

古埃及？真是个绝佳的选择！你会爱上那里的！

爱上哪里？你这话是什么意思？

艾玛虽然没看过佩蒂格鲁先生的古怪旧书，但对那本书有一种非常怪异的感觉，怪异到想阻止乔什打开它。她差一点儿就成功了。

但是，"差一点儿成功"就说明还是没有成功。突然，出现了一道神奇又可怕的闪光，然后……

只不过短短的一瞬间，一切都改变了！

什……什么？
我们在哪里啊？

哎哟……
我的……天哪！

**朱利安·佩蒂格鲁的
独家旅游指南——古埃及**

欢迎来到古埃及！恭喜你们挑上了这个阳光普照的热门景点来度假。你们选择的时代也很棒——约公元前2500年。

你们带雨伞了吗？如果带了，现在就可以把它给扔了，因为古埃及几乎

不下雨。事实上，这里的陆地大多是沙漠，但还不完全是沙漠，唯一的原因——尼罗河。

啊……尼罗河，多么伟大的河流啊！为什么呢？因为要是没有尼罗河，古埃及的一切就不可能发生。这条河流从非洲山区一路往北，穿过沙漠，最终

艾玛立刻明白发生了什么事，原来，宾克顿家的孩子们穿越了时光。

这是古埃及，乔什！你看，这里写着呢。

仔细看了一下旅游指南，艾玛发现了更多麻烦，他们被困在这里了！除非他们读完《朱利安·佩蒂格鲁的独家旅游指南——古埃及》，否则根本没有办法回家。

反正我们本来就想度假。

没错，但不是到四千五百年前！

抵达大海，为河流两岸提供了生命之水。

现在，请你想象一片一千千米长，却只有几千米宽的绿洲，你就会对古埃及的形状有个具体的概念了。

你们到达的时候刚好是尼罗河的泛滥期，真是走运。每年的七月到十月，尼罗河水会往河岸两侧泛滥，淹没附近

的土地。而这里的人们最喜欢尼罗河泛滥。没错！他们不可能不喜欢。因为河水退去时会留下一层肥沃的厚泥，这对农作物的生长大有帮助。

不过，农村地区也会因此有一些……嗯……潮湿。

在尼罗河的泥水里踩来踩去，是哪里也去不了的。于是，他们爬上较高的陆地，并遇上了他们见过的第一个活生生的古埃及人。至少，宾克顿家的孩子们希望她是活的。

她看起来并没有四千五百岁。

我叫阿妮克西，欢迎到我家来玩。

古埃及人的家

如果你想参观典型的古埃及住宅，可以选择农村家庭。古埃及人大部分都是农民，他们居住在尼罗河畔的小村落里，倚赖河水泛滥留下的肥沃黑土栽种植物，并把住宅搭建在河水无法淹没、地势较高的地方。

在古埃及，要建造房子很容易，你也做得到。你需要的只有泥土（那里到处都是这种东西）而已，把它和麦秆混在一起倒进模子里，然后放在太阳底下晒干，你的泥砖就做好了。古埃及人用泥砖搭建房子，平面的屋顶可以当作额外的生活空间。房屋的窗户很小，而且开在高处。屋子里外都漆成白色，以保持凉爽。

一般人家的房屋通常很小，家具也不多，只有一些工具和小桌子、垫子。木材在当地很稀有，所以木制家具非常昂贵。

阿妮克西不但是活生生的，而且十分友善！宾克顿家的孩子们松了一口气，他们甚至接受了阿妮克西的邀请，到她家里去吃一些点心。

这是什么玩意儿？里面有一团一团的东西。

我还要，谢谢。

哎呀，这是啤酒。

食物和饮料

最重要的食物是面包。小心！面包里可能掺有一些沙砾。因为麦粒是放在两块平石板中间磨成粉的，石板的碎屑有时会混在里面。因此，有些古埃及人的牙齿有缺损。

或许你更想吃一些新鲜可口的水果。来点儿无花果怎么样？或者来点儿葡萄、椰枣、石榴？这些都是当地栽种的。

至于饮料，试试他们国产的饮料——啤酒！这是将烘烤过的面包撕成碎片，加水混合发酵而成的浊酒，所以有一些颗粒在里面。喝之前通常会把颗粒过滤掉，但不是每个人都会这样做。

古埃及人的穿着

因为这里很热，所以人们穿得很简单，几乎都是白色的亚麻布衣。男人围一块腰布或穿短裙；女人也穿得很朴素，只有一件直筒连衣裙。至于小孩子，嗯，他们穿得……非常少。这里的人一般光着脚，不过，如果买得起的话，他们也会穿凉鞋。

11

就在艾玛想要礼貌地表示他们不喝啤酒的时候，一群看起来像官员的人出现了。他们要来带走阿妮克西的弟弟哈普，让他去为法老工作。哈普不在家，乔什却在！乔什急着想要解释他们抓错了人……

乖乖地过来，哈普。

你们搞错了！我是——艾玛！救救我！

我们根本不住在这里。我们——

古埃及社会

如果你要在古埃及找一份工作，最好的选择就是当法老。法老拥有所有土地，还拥有土地上的一切。他治理整个国家，所有人都得遵守他的命令。对古埃及人来说，法老不只是国王，还是活生生的神。古埃及人相信，法老是太阳神拉的儿子，并相信他能直接和神祇说话，向他们祈求丰收。

古埃及的其他职业就不像当法老那么好了。法老之下是贵族和官员，这些人协助法老治理国家；再下来是庙宇的祭司和书记官，这些人因为能够阅读和写字而受到尊重；更下面一个阶级是拥有技术的工匠；最底层则是农民和劳动者。大部分古埃及人都处于社会的最低阶级——那里空缺很多！

但这些官员根本不听。乔什很快就被他们推上一艘船，船上还有很多其他的年轻男人。艾玛和莉比无助地看着她们的兄弟渐渐地消失在尼罗河上。

艾玛……莉比……别忘了我！

连个牌照也没有，到哪里再去找它？

劳 役

法老如果有个需要大量工人的大计划，就可以命令任何一个人来帮忙。法老特别喜欢征召农民，强迫他们工作。抓人劳役通常选在尼罗河泛滥的时候，反正这时候河水淹没了田地，大多数农民也没事可做。

警告：如果你是个壮汉，抓人劳役的时候最好赶快悄悄消失。否则你可能会被迫去为法老工作。

艾玛非常难过。乔什虽然不完美，却是她仅有的双胞胎兄弟！她和莉比决定出发去找乔什。

她们来到尼罗河边一个人群聚集的地方。艾玛很肯定自己会在那里找到乔什。

我们会找到他的，哪怕要把这座城市翻个底朝天也在所不惜！

找……乔什，找……乔什，找……

接下来的几个小时，两个女孩子为了寻找她们的兄弟，从城市的这头走到了那头。她们到处敲门打听，在街上拦下陌生人询问，或是向卖东西的工匠打探消息。

乔什？

他的眼睛是棕色的，然后——不用，我家已经有拖鞋了，谢谢！

古埃及的城市

试着在尼罗河畔最大的城市里消磨一段时间吧。城市是贸易和政府的中心，也是观察人的好地方。在比较贫穷的地区，街道很窄，挤满了做生意的人。你如果想买东西，可以找卖陶器、拖鞋、芦苇垫子和其他货品的工匠。

闻到一股怪味了吗？不必太在意。这里没有收垃圾的，也没有下水道系统，天气又那么热……

她们向庙宇的祭司询问。

他大概有这么高，而且……

出去！出去！

庙宇和神祇

宗教神庙非常平和安静，但是别期待可以进去。古埃及的神庙是专供神祇居住的地方。庙宇里的雕像是神的化身，祭司会帮它们清洗、穿衣服，甚至供奉食物。当然，雕像并不会真的吃东西（还好祭司都有好胃口）。

古埃及人信奉数百个不同的神，但并不是每个神都有豪华的庙宇。有些神只在某些特定的地方供奉，有些是家庭的守护神，帮忙解决日常的问题。许多埃及神祇以动物的形象来呈现，例如鳄鱼、猫头鹰、狮子、河马等。

时间一分一秒地过去了，艾玛和莉比不停地寻找，炎热的埃及太阳烘烤着她们的背。到了一天即将结束的时候，她们累了，饿了，也渴得快要干了。

一个富有的家庭要办宴会，正好缺少仆人，艾玛和莉比只得以工作换取食物和住宿。艾玛有点儿被宴会的余兴节目吓到了。

但莉比马上入乡随俗。

嘿！艾玛，看我！

我再也不带她出门了！

古埃及的宴会

如果你和有钱的古埃及人来往，就有机会受邀参加宴会。别害羞，赶快戴上花环加入他们吧！食物很棒，有烤鹅、烧鸭和鹌鹑，配上新鲜蔬菜——洋葱、韭菜、豆子、黄瓜和莴苣。你很幸运，牛肉也在菜单上！只有富有的人负担得起这种奢华的食物。如果你偏好甜食，可以去找蜂蜜蛋糕、无花果和其他新鲜水果来吃。还有饮料，大多数客人吃东西时都会喝酒——只不过有时喝得太多了。

别忘了餐桌礼仪哟！请靠着桌子坐或蹲，你是男生就跟男生坐，女生则和女生坐。用你的手指拿东西吃，但不是全部的指头都可以！只能用右手的三根指头。

宴会最棒的部分就是余兴节目。古埃及人很喜欢音乐。放开怀来跟着笛子、竖琴、鼓、拨浪鼓——以及跳舞的姑娘们——一起打拍子吧！舞者像体操选手一样又扭臀又弯腰，甚至会表演一些杂技动作（衣服穿得少可能有帮助）。

吃完了吗？试试埃及的塞尼特棋盘游戏，这是一种安静的木板棋盘游戏，在这里很受欢迎。

接下来的几天，艾玛和莉比继续为这个富有的古埃及家庭工作，并利用剩余的时间寻找乔什。当一个仆人告诉她们有一个"知道许多事情"的老师时，她们便跟着他来到了那位老师的学校。

莉——比，莉比！

？

没错，我知道很多事情。

不幸的是，这位老师唯一不知道的就是艾玛与莉比在意的那件事。

在伟大的左塞尔法老之后是塞汉赫特和哈巴，接着是胡尼法老……

怎么让他住嘴啊？

猫——咪，猫咪！

？

老师注意到了那本旅游指南，想要借去细看，这让艾玛觉得有点儿不自在，但她很快就转移了他的注意力，假装问他有关于他的书的事情。

那是一本书吗？

在伟大的斯尼夫鲁法老的统治时期，尼罗河泛滥的时候……

埃——及，埃及！

喵？

救命啊！

学习与学校

大部分学习都是在家进行的。男孩学习父亲的工作——钓鱼、种田、手工艺等。女孩由母亲教导持家。

有些男孩（以及一些有特权的女孩）可以在小型学校里学习阅读、写字以及数学。千万注意，你如果去学校参观，在老师面前可得小心点儿——尤其是他手上拿着棍子的时候！古埃及人说："小男孩的耳朵长在背后，被揍的时候才会打开耳朵听。"

有些比较努力的男孩可以成为书记员（受过专门训练，能够写信、记录，还可以当政府的公务员）。书记员也可以变成祭司或军官，甚至政府首长。成

为书记员是很光荣的事，而且比农民在炽热的太阳底下工作要轻松多了！

趁你还在这里，或许你会想要学学古埃及字母。有多困难呢？嗯……说实话，还真是挺难的。那是一种图像式的书写方式，叫作象形文字，而且有超过七百个不同的符号。

如果想试着写一写，你需要一支芦苇笔和一些烟灰当墨水，并在一块破陶片上面练习。纸卷（纸莎草纸卷）是用细芦苇条捣碎做成的，不过这很珍贵，不能让学生浪费了。

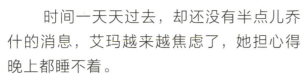

时间一天天过去，却还没有半点儿乔什的消息，艾玛越来越焦虑了，她担心得晚上都睡不着。

我要怎么跟爸妈交代？

白天艾玛也没有轻松多少——虽然大多数时候都是想着别让妹妹惹麻烦！

莉比！你在做什么？

在古埃及睡觉

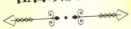

　　有钱的古埃及人睡木板床，比较穷的人就睡在垫子或铺着席子的泥土平台上。为了对抗炎热的天气，你可能会很乐意尝试这种埃及风格——睡在屋顶上。嗯！有没有感觉到微风？很凉快吧！

　　要枕头吗？试试古埃及的头枕。这是用木头、象牙或石头制成的，看起来有点儿像刑具。这种头枕可以抬高头部，当附近有蝎子或毒蛇出没时更是管用。

化妆与饰品

　　如果你想在古埃及打扮得漂漂亮亮的，那化妆正是你需要的。首先用化妆墨在眼睛外缘画上眼线，然后涂上绿色眼影，接着用指甲花将指甲染色，再抹一点儿香油。（在古埃及，闻起来香香的很重要。）

　　接下来戴上饰品——彩色珠子、金手镯或带有神奇符咒的护身符，最后戴上假发就大功告成了。这里的人喜欢留短发，到了特殊场合再戴上假发。好啦！你看起来美极了。

20

莉比很快就和当地的小孩成了朋友。她适应得很好——对艾玛来说好得太过了！

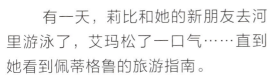

有一天，莉比和她的新朋友去河里游泳了，艾玛松了一口气……直到她看到佩蒂格鲁的旅游指南。

古埃及小孩

古埃及的小孩子穿得很少，嗯……其实……根本没穿。没办法，这里真的很热。你可能已经注意到男孩的怪异发型了，这叫作"青春之锁"，男孩十到十二岁前都留这种发型。

古埃及小孩有简单的自制娃娃、陀螺和拖拉玩具。他们很喜欢玩摔跤、拔河和球类游戏。因为就住在河边，他们也喜欢游泳。河里有鳄鱼真是不太妙，但是别担心，被鳄鱼咬伤的小孩子并不多。

艾玛拼了命狂奔，才刚好赶上，把莉比从死亡的嘴边抢了回来。

来，小乖乖。

莉比！不要！

筋疲力尽的艾玛在河边一屁股坐了下来。她突然发现……河里有几艘船。

或许这里有人见过他！

乔什？

打猎与捕鱼

尼罗河里物产丰饶——如果你抓得到的话！试试用矛、网、钩子或绳子来捕鱼，或是抓一些沼泽区的水鸟——鸭子、鹅、苍鹭和鹤。古埃及人用网捕捉这些鸟类，或是丢出棍子把它们打下来。

假如你想体验一下命悬一线的感觉，可以试试猎河马。加入其他小船上的猎人，偷偷接近一只大河马，然后把矛丢出去。但你一定要记住，河马可不会乖乖地等你猎杀！

仔细考虑了一下，还是忘了河马吧！

在河边走了一段，两个女孩终于碰到了一个机会。几个正在做芦苇船的人两天前看到过乔什。

抱怨个不停的家伙，对不对？

他在下游的工地那边。

现在的问题是，她们如何在尼罗河上航行呢？不过，看着这些人，艾玛突然有了一个点子。她和莉比何不自己做一艘船呢？

当然。

它浮得起来吗，艾玛？

航行在尼罗河上

尼罗河是古埃及最伟大的快速道路，你只需要一艘船就可以上路了！如果你要往北，顺流而下就行；往南，就撑起风帆，让风儿带着你航行（当然也需要船桨和篙）。小心其他船——渔船、货船、游船、大客船。在尼罗河上，最普通的船只都是芦苇做的。

怎么制造一艘芦苇船

割一些芦苇（芦苇就长在河的两岸），把它们成捆地扎在一起。一定要绑紧，否则不能防水。然后把两端往上弄尖扎起来。好了吗？下水吧！

另外，你会游泳吧？

23

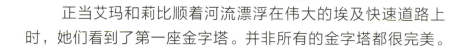

正当艾玛和莉比顺着河流漂浮在伟大的埃及快速道路上时，她们看到了第一座金字塔。并非所有的金字塔都很完美。

嗯，这只是个开始。

好一点儿了。

这就对了！

金字塔

⟪◆•◆•◆⟫

在埃及，有一样东西是你一定要看的，那就是金字塔。

金字塔超级庞大！金字塔令人敬畏！但建造金字塔只为了一个目的——当作法老的坟墓。古埃及人相信，法老的生命可以延续到死后，但必须经过特别的处理，他的灵魂和生命才能在需要的时候回到他死去的躯体里。因此，法老死后，尸体必须完整地保存起来，并安放在金字塔最深处的墓室里。

古埃及人花了好长时间才研究出建造金字塔的方法。

一开始，他们只是把法老的遗体放在石室坟墓（一种用泥砖做成的底部有墓室的长方体建筑）中。

后来，他们往上堆了一些长方体，呈现出"阶梯"一样的金字塔形状。

与此同时，在遥远的尼罗河下游，乔什被指派了非常重大的工作。事实上，在宾克顿家的家族历史中，从来没有人担负过如此重大的工作。

喂！佩蒂格鲁先生，玩笑开够了吧！我可以回家了吗？

之后出现了稍微变形的金字塔。这已经很接近我们所知的金字塔了。

最后……成功啦！一个真正的金字塔形状诞生了。

接下来，古埃及人决定要建造一些真正的大金字塔。多大呢？你相信吗？大金字塔几乎和四十层的大楼一样高，

而且用了超过两百万块石灰石块，石块的重量超过六百万吨。真的很大！

真是难以想象，古埃及没有推土机、起重机，也没有轮子，建造金字塔只靠人类的力气！大约四千名工人全年工作，尼罗河泛滥的季节增加两万或三万人。即使有这么多人，建成一座金字塔也至少需要二十年或更久的时间。

这些对你来说意味着什么？这个嘛，如果你"自愿"被叫来帮忙建造，那你大概得在这里待很长时间。

25

如何建造金字塔

1. 挑选一个好地点——位于尼罗河西岸，高于尼罗河泛滥警戒线，靠近石灰石大矿床的地方。

2. 在选定的地点整理出一片水平的地面。将金字塔的四边标示出来，分别面向北、南、东和西。

3. 开采石灰石（使用简单的铜制、木制或石制工具，从矿场切下石块）。

4. 将石灰石块运到选定的地点（这是困难的部分）。用绳索把石块缠起来，拖到橇上，利用以圆木和油或水做成的滑道来搬运（远处的石块必须先拖到河流旁，利用驳船运送，再拖到工地上）。

5. 建造金字塔（这才是真正困难的部分）。完成第一层石块后，必须建一条斜坡，才能把沉重的石块拖……上……去！

6. 继续建造，继续建造，继续建造，继续建造。

7. 对了！记不记得要在金字塔的最底层先挖一间墓室？有没有留一条通往墓室的通道？

8. 在最顶部放上一块特别的金字塔形状的石头（一个石头盖子）。

9. 把白色石灰石的外表打磨得光滑闪亮，这样金字塔才能在阳光下闪闪发光。

10. 从斜坡上下来。我的天！它是不是很漂亮？你也感到骄傲吧？

就像其他工人一样，乔什也得到了报酬，但是他觉得薪水实在不怎么样。

他向一起工作的工人抱怨，但他们不太同情他。

洋葱？搞了半天我得到的只有洋葱？

为法老建造陵寝是我们的责任。

他会在天上保佑我们。

我们是强壮的团队！

唉！

给建造金字塔的工人的小提醒

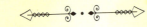

· 小心中暑！
· 小心昆虫！
· 别晒伤了！
· 避免被绳子割伤！
· 喝大量的水！

· 小心别被压到了！
· 别从金字塔上摔下来！
· 要小心！

呼！如果你成功地度过一天，就可以去领薪水了——面包、啤酒、洋葱和衣物。

好好享用哟！

他也试着找别的工作来做。工匠的工作看起来容易多了，所以乔什去询问能不能跟他们交换。

你会雕刻石头吗？

你会做铜制工具吗？

回到工地去，你这个笨蛋！

唉！

这真是令人泄气。

我已经不行了。

还好，救兵就快到了。那天晚上，当工人都在睡觉的时候，艾玛和莉比悄悄地溜了进去。至少，她们是这么计划的。

乔什！嘿！醒醒，乔什！

终于团聚了，宾克顿家的孩子们非常激动，激动得连话都说不出来了。

他们往女孩们藏在芦苇丛中的芦苇船跑去。就在快要跑到的时候，莉比看到金字塔有个开口。

莉比，别去！

拦住她，乔什！

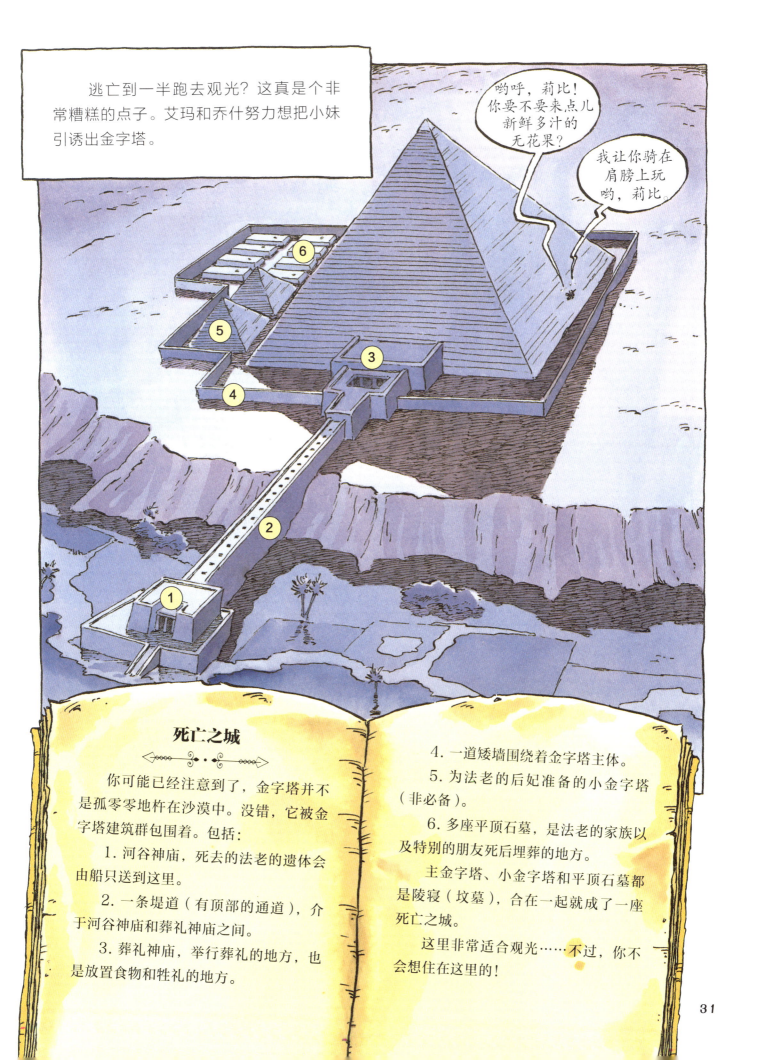

逃亡到一半跑去观光？这真是个非常糟糕的点子。艾玛和乔什努力想把小妹引诱出金字塔。

哟呼，莉比！你要不要来点儿新鲜多汁的无花果？

我让你骑在肩膀上玩哟，莉比。

死亡之城

你可能已经注意到了，金字塔并不是孤零零地杵在沙漠中。没错，它被金字塔建筑群包围着。包括：

1. 河谷神庙，死去的法老的遗体会由船只送到这里。

2. 一条堤道（有顶部的通道），介于河谷神庙和葬礼神庙之间。

3. 葬礼神庙，举行葬礼的地方，也是放置食物和牲礼的地方。

4. 一道矮墙围绕着金字塔主体。

5. 为法老的后妃准备的小金字塔（非必备）。

6. 多座平顶石墓，是法老的家族以及特别的朋友死后埋葬的地方。

主金字塔、小金字塔和平顶石墓都是陵寝（坟墓），合在一起就成了一座死亡之城。

这里非常适合观光……不过，你不会想住在这里的！

但是莉比不见了。艾玛和乔什不得不跟着她进入漆黑的通道。

金字塔内部

如果可以透视金字塔，你会发现它几乎（但不是全部）是实心的石头。你或许能看到这些东西：

1. 内部的核心部分，由一般的石灰石组成。因为它们藏在下面，所以不需要非常整齐。

2. 核心石块上是填充的石块。

3. 外面包覆的是外围石块，由特别的白色石灰石组成。它们组合得十分紧密，连一根头发也插不进去。

4. 金字塔的入口在它的北面。

5. 一条由入口直达墓室的通道。

6. 安置法老遗体的墓室。有时墓室在金字塔的底部，有时则建造得比较

高。除了法老的遗体，墓室里还存放着重生时会用到的东西，丰富的宝藏包括珠宝、黄金、家具、衣物、香油等。

你注意到"丰富的宝藏"这几个字了吗？法老去世后喜欢把财富一并带走。因为他们太富有了，所以陵寝成了小偷觊觎的目标。金字塔的设计者也明白这一点。为了欺骗盗墓者，他

们可能会把入口隐藏起来，用厚重的石块把通道堵起来，或建造错误的通道和假墓室。

这么做其实并没有什么用处，有恒心的盗墓者还是有办法找到的。

宾克顿家的孩子们来到了一个空房间里，松了一口气……直到他们明白这是什么地方。这里真是太吓人了！

这是一间墓室，乔什。

那这一定就是——？

如何制作木乃伊

古埃及人认为，保存死者的尸体是非常重要的。他们有一套叫作"木乃伊化"的特别处理程序，制作时间大约需要七十天，成品就叫作木乃伊。

你不可能有机会帮忙制作木乃伊，因为这种工作必须由受过训练的祭司来执行。但是，以防万一，这里还是说一下制作的方法。

1. 找一具尸体，最好是法老。如果找不到法老的尸体，其他人类，甚至鹰、牛、鳄鱼的也可以，古埃及人也会把这些动物木乃伊化。

2.（警告：这一部分很恐怖哦！）你必须把脑浆取出来。（我的妈呀！）先用一根钩状的器具伸进鼻子里，（真恶心！）再一点一点地把脑浆勾出来。

是死人啊！

（恶心！恶心！恶心！）

　3. 取出胃、肝、肺和肠子。把这些内脏分别放进特殊的罐子。

　4. 心脏则留在尸体里。古埃及人认为心脏是思想和感觉所在。

　5. 把尸体用一种叫作"泡碱"的特殊干燥粉末覆盖四十天，让尸体脱水。

　6. 脱水后的尸体皮肤会变得松弛，必须塞进一些填充物（泥土、草、木屑或亚麻布）。

　7. 在尸体上涂满香油膏。

　8. 用几百米长的浸过树脂的亚麻布条将尸体包裹起来，一边包，一边在一层层亚麻布里放入珠宝、黄金和护身符。

　9. 木乃伊完成了，可以准备把它放进墓室的石棺里了。它会永远待在这里……真的会吗？

　10. 留心盗墓者！

35

宾克顿家的孩子们这次真的在劫难逃了。他们正好在这座坟墓被盗的几个小时后抵达，更惨的是，几分钟后，侍卫也出现了。

不管宾克顿家的孩子们如何解释，侍卫们一概不理。

乔什询问侍卫，想了解他们接下来会有什么遭遇。

盗墓会受到什么惩罚？

刺刑。

我还指望只是拘留。

盗墓者

在古埃及，有一群人是你必须不计一切代价远离的，那就是盗墓者！也要远离已经被打开的陵寝和金字塔！因为除了麻烦一点儿好处也没有。

怎样判断你是不是碰到了盗墓者呢？这里有一些线索可以参考。任何贪婪的寻宝人都可能去盗墓，不过，只有某些人比较有机会。比如帮忙建造金字塔的人（并且知道里面的通道和其他构

造），他们可以过后回来下手。金字塔侍卫有时会让这些盗墓者进入，并收取一些佣金。即使是庙宇的官员，也可能受到丰富宝藏的诱惑而行窃。

所以，要睁大眼睛，清楚地辨识每个人。记住，古埃及对盗墓者有非常严酷的惩罚，你可能会被处以刺刑。如果你不了解这个词的意义，那么让我跟你解释一下：你会被一根尖锐的木桩刺穿！

聪明人一听就明白了。

到了金字塔入口处，他们遭遇了一队正要进入金字塔的侍卫。这是宾克顿家孩子们的大好机会！

他们马不停蹄地奔跑，一路跑到他们的船边。

这天晚上，宾克顿家的孩子们独自在尼罗河上航行。为了让姐妹们保持清醒，乔什拼命地说着埃及笑话。

他们在太阳刚升起时抵达城区。艾玛急着要读完旅游指南，好早点儿回家。

不幸的是，宾克顿家的孩子们并不是唯一整夜在河上航行的人。侍卫们已经早他们一步抵达城区了。

一边跑一边读书绝对不是个好点子——除非……当然了，除非阅读能够拯救你的性命！

艾玛的脚在地上狂奔，她的视线也在书页上飞奔。这对一个孩子来说有点儿困难——事实上是太难了。

拿去，乔什！继续读！

乔什不是全古埃及最勇敢的孩子，更不是最强壮或最聪明的。但他是宾克顿家的孩子！宾克顿家族有一个优点，那就是忠诚。看到艾玛跌倒，他马上停住脚步。

起来，艾玛！继续跑！

宾克顿家的孩子们尽可能地快跑……

继续读，乔什！

但是，到了最后……

快点儿，乔什！
读快点儿！

现在……你在……
古埃及的……旅程……
已经……接近……尾
声……了……

告别古埃及

现在，你在古埃及的旅程已经接近尾声了。或许你对在这里遇到的人以及令人惊奇的所见所闻充满了温暖的深刻记忆。

在你离开前，何不找个时间对这座城市做最后的巡礼？如果你有临行前的购物计划，现在就是最好的时机。或者

你宁愿在这片受太阳庇护的土地上享受最后一次平静的放松。闭上你的眼睛，感受阳光……闻闻花香。接下来，该是对这神话般的文明、温和的白天与凉爽怡人的夜晚说再见的时候了，这段经历将使你永生难忘。

结束

他们跑得还是不够快。

他们唯一的机会就是读得够快！
快到足以把书读完然后回——

家！

束！

欢迎回来！玩得开心吗？

乔什正想对佩蒂格鲁先生发一通脾气……

啧啧，真可怜！

开心？我们差一点儿回不来了！

不过，艾玛和莉比只想赶快回家看爸爸妈妈。

宾克顿家的孩子们离开神奇时光旅行社时发誓，永远都不要靠近这个地方，永远不要！

永远？哎呀，永远可是很长一段时间。

哪怕对于时光旅行者来说，也是很长一段时间呢！

古埃及

事实还是虚构？

你相信《如果你去古埃及》这个故事吗？

宾克顿家的孩子们是虚构的，他们的经历也不过是个故事。但《朱利安·佩蒂格鲁的独家旅游指南——古埃及》依据的是真实的历史事实。

更多关于古埃及的信息

古埃及有多古老？非常非常老！古埃及的文明是从五千年前（大约公元前3100年）开始的，而且持续的时间超过三千年。古埃及文明诞生于非洲北部的尼罗河流域。为什么是那里呢？那里阳光充足，而且尼罗河提供了很好的生活条件——肥沃的土壤、丰富的水源和一条方便的"道路"。人们可以在这里耕种、组成社会，并完成大型或困难的计划。

宾克顿家的孩子们的故事设定在约公元前2500年，也就是古王国时期。古埃及有三个重要的时期——古王国时期、中王国时期和新王国时期。古王国时期（公元前2686年到公元前2181年）正是建造金字塔的年代，所以又称为"金字塔时期"。中王国时期也建造过金字塔，但持续时间较短。新王国时期，古埃及皇族被埋葬在帝王谷的秘密陵墓中。

继续说古王国时期。没有人确切知道金字塔是如何建造的。有些金字塔具有又长又直的坡道，因此专家非常确定古埃及人曾使用坡道，但是哪种坡道以及如何使用的却没有定论。

他们是用一条坡道建造了金字塔吗？还是用四条坡道环绕金字塔，就像乔什工作的地方那样？或者是单一坡道和环绕坡道兼而有之？没人能确定。

古埃及有许多事是没人能确定的。例如，宾克顿家的孩子们被当成盗墓者时，曾被恐吓要受到刺刑。证据显示，刺刑曾在古埃及晚期使用过，但在古王国时期是否使用过则不确定。

古埃及学家还在研究这个古老的文明，他们非常想回到过去亲眼看看。如果他们能找到对的旅行社就好了……

图书在版编目（CIP）数据

如果你去古埃及 / （加）琳达·贝利著；（加）比尔·
斯莱文绘；周思芸译．—北京：北京联合出版公司，
2022.1
（让孩子爱上古文明）

ISBN 978-7-5596-5630-8

Ⅰ．①如… Ⅱ．①琳… ②比… ③周… Ⅲ．①埃及－
古代史－少儿读物 Ⅳ．①K411.209

中国版本图书馆CIP数据核字（2021）第209888号

北京市版权局著作权合同登记号：01-2019-6327号

ADVENTURES IN ANCIENT EGYPT
Originally published in English under the title: Adventures in Ancient Egypt
Text © 2000 Linda Bailey
Illustrations © 2000 Bill Slavin
Published by permission of Kids Can Press Ltd., Toronto, Ontario, Canada.
All rights reserved. No part of this publication may be reproduced, stored in retrieval system, or transmitted in any form or by any means, electronic, mechanical photocopying, sound recording, or otherwise, without the prior written permission of Beijing United Creadion Culture Media Co., LTD.

让孩子爱上古文明：如果你去古埃及

作　　者：[加]琳达·贝利　　绘　　者：[加]比尔·斯莱文
译　　者：周思芸　　　　　　版权支持：张　婧
出 品 人：赵红仕　　　　　　出版监制：辛海峰　陈　江
责任编辑：郭佳佳　　　　　　特约编辑：王周林
产品经理：魏　俤　　　　　　装帧设计：人马艺术设计·储平

北京联合出版公司出版
（北京市西城区德外大街83号楼9层　100088）
北京联合天畅文化传播公司发行
天津光之彩印刷有限公司印刷　新华书店经销
字数　100千字　889mm×1194mm　1/16　印张　15.5
2022年1月第1版　2022年1月第1次印刷
ISBN 978-7-5596-5630-8
定价：168.00元（全5册）

献给我的女儿莉亚·格兰杰，自从在学校做了一次关于斯芬克斯的课题，她就爱上了一切和埃及有关的事物。

——琳达·贝利

献给菲尔和罗斯玛丽，他们远赴异域旅行的热情一直激励着我的创作。

——比尔·斯莱文

致　谢

感谢皇家安大略博物馆近东和亚洲文明部的朱莉·安德森博士。

她审阅了本书的初稿，确保史实的准确性，并以极大的热情和广博的专业知识回答了许多艰深的学术问题，为我提供了许多极具价值的建议。